NÃO EXISTE LINGUAGEM NEUTRA!

GÊNERO NA SOCIEDADE E NA GRAMÁTICA DO PORTUGUÊS BRASILEIRO

Conselho Acadêmico
Ataliba Teixeira de Castilho
Carlos Eduardo Lins da Silva
Carlos Fico
Jaime Cordeiro
José Luiz Fiorin
Tania Regina de Luca

Proibida a reprodução total ou parcial em qualquer mídia
sem a autorização escrita da editora.
Os infratores estão sujeitos às penas da lei.

A Editora não é responsável pelo conteúdo deste livro.
A Autora conhece os fatos narrados, pelos quais é responsável,
assim como se responsabiliza pelos juízos emitidos.

Consulte nosso catálogo completo e últimos lançamentos em **www.editoracontexto.com.br**.

RAQUEL FREITAG

NÃO EXISTE LINGUAGEM NEUTRA!

GÊNERO NA SOCIEDADE E NA GRAMÁTICA DO PORTUGUÊS BRASILEIRO

Copyright © 2024 da Autora

Todos os direitos desta edição reservados à
Editora Contexto (Editora Pinsky Ltda.)

Capa e diagramação
Gustavo S. Vilas Boas

Preparação de textos
Lilian Aquino

Revisão
Hires Héglan

Dados Internacionais de Catalogação na Publicação (CIP)

Freitag, Raquel
Não existe linguagem neutra! : gênero na sociedade
e na gramática do português brasileiro / Raquel Freitag. –
São Paulo : Contexto, 2024.
160 p. : il.

Bibliografia
ISBN 978-65-5541-429-5

1. Linguística 2. Língua portuguesa 3. Gênero I. Título

24-1386   CDD 410

Angélica Ilacqua – Bibliotecária – CRB-8/7057

Índice para catálogo sistemático:
1. Linguística

2024

EDITORA CONTEXTO
Diretor editorial: *Jaime Pinsky*

Rua Dr. José Elias, 520 – Alto da Lapa
05083-030 – São Paulo – SP
PABX: (11) 3832 5838
contato@editoracontexto.com.br
www.editoracontexto.com.br

Sumário

INTRODUÇÃO 7

A PERCEPÇÃO DAS REGRAS DA LÍNGUA 15
    Consciência das regras 18
    Como as regras são codificadas 23

GÊNERO NA SOCIEDADE E NA LÍNGUA 31
    O despertar do gênero 33
    As diferenças de gênero se manifestam na língua 36
    Presidente ou presidenta? 41

GÊNERO NA TRADIÇÃO GRAMATICAL 49
    Gênero no latim: apelativos e coisas 50
    Gênero no português 53
    Usos que refletem sexismo? 72
    Mundo para além do binário, gramática também 83

MUDANÇAS NA SOCIEDADE, MUDANÇAS NA LÍNGUA 89

Forças da mudança 91

Mudanças orgânicas 100

Ações de planificação 112

Para onde vai? 126

LINGUÍSTICA NEUTRA? 135

Da militância ao ativismo 137

Posição de linguistas 139

E a escola? 142

A ciência pode tentar ser neutra; cientistas, não 148

REFERÊNCIAS 151

A AUTORA 159

INTRODUÇÃO

"Todos e todas", "todes", "todos, todas e todes", "tod@", "todx", "tods". Será difícil encontrar alguém que viva na sociedade brasileira letrada contemporânea e que não tenha ainda se deparado com alguma dessas palavras. Elas estão nas redes sociais, nas notícias e até em questão do vestibular da Unicamp de 2024.

Também será difícil encontrar alguém que não tenha observado alguma reação a essas palavras, seja negativa, seja positiva. Afinal, pessoas foram demitidas por causa delas e projetos de lei para proibir seu uso foram propostos.

Em comum, as palavras são designativas de pessoas, um grupo de pessoas. E pessoas têm gênero. Pessoas têm identidade, expressão e orientação quanto ao seu gênero, em perspectiva binária ou não binária, e são categorizadas por isso. Do ponto de vista da psicologia social, a partir do momento que atribuímos nome a uma entidade e a inserimos em uma determinada categoria, estamos atribuindo valores positivos ou negativos e definindo seu lugar em escalas hierárquicas.

Na sociedade brasileira, tanto língua como gênero são temas de especial interesse das pessoas. Mas todo mundo se sente no direito de palpitar sobre língua. Existe um campo da ciência, a Linguística, que estuda a língua, mas que pouco é escutado ou lembrado. Em tempos de desinformação, *fake news*, negacionistas das mudanças climáticas, antivacinas e terraplanistas, a ciência linguística também contribui para desfazer os mitos e os equívocos que perpetuam na sociedade e que geram discriminação e preconceito. Um deles é o que tem sido chamado de "linguagem neutra".

"Linguagem neutra" está aqui entre aspas porque é uma expressão que pode evocar muitos significados, sendo essencialmente ambígua. O adjetivo "neutro" pode significar não assumir posições, não tomar partido, manter-se em cima do muro. Neutro, na Linguística, evoca o termo *neutralização*, conceito advindo de uma corrente da Linguística, o Círculo Linguístico de Praga, que se refere à ausência de contraste entre dois elementos pareados (neutralização de traços). Neutro, na expressão de gênero, pode significar não ser nem masculino nem feminino, um rompimento com o binário. Neutro também pode significar não se importar com o gênero enquanto modo de categorização de pessoas. Como podemos ver, neutro pode ser muita coisa e, sem definir o que é neutro, ou linguagem neutra, cada um pode entender o que quiser.

Se as pessoas acreditam que "todos e todas" é redundância, já que "todos" inclui "todo mundo", é porque trata-se do resultado de um processo de convencionalização de usos e de gramatização de uma forma de referência a gênero como sendo aquela que abriga e representa as demais; como tudo na língua, é um processo moldado por forças sociais que fazem com que percebamos essa convencionalização como natural. Para mim, não é natural que "todos" signifique "todas as pessoas"; seria muito mais lógico "todas" = "todas as pessoas", um processo em que *pessoas* é uma palavra do gênero gramatical feminino, que é usada como uma referência ampliada. Também não é natural para mim que, em um grupo misto, uma sala de aula, por exemplo, em que há nove mulheres e um homem, a forma de referência ao grupo seja "todos". Se a maioria é de mulheres, a forma deveria ser "todas". Há ainda a referência a pessoas que não se identificam com o binarismo do masculino ou feminino, não havendo ainda uma marca gramatizada para isso. Mas a lógica da língua nem sempre segue a lógica de como as coisas funcionam no mundo.

A ambiguidade do adjetivo "neutra" em "linguagem neutra" permite que diferentes grupos evoquem a sua perspectiva, alinhada à sua ideologia, ao seu modo de ver e conceber o mundo, um viés. Até mesmo a suposta objetividade da ciência encobre a consciência da existência de viés, de um ponto de vista, de uma perspectiva. A ciência é feita por pessoas, pessoas têm perspectivas, então a ciência também tem viés. Essa não é uma discussão recente. No início do século passado, Max Weber já discutia a neutralidade axiológica nas Ciências Sociais, no ensaio "A 'objetividade' do conhecimento na ciência social e na ciência política" (2016): ter consciência e reconhecer que existe viés é importante para desnaturalizar certas concepções que circulam com o rótulo de científico. Por isso, não existe neutralidade nem na língua, nem na sociedade. Não existe linguagem neutra porque pessoas não são neutras, ou seja, pessoas expressam quem são e a que grupo pertencem. Logo, sempre que alguém fala está expressando, além da informação, a sua indexação a um grupo.

A sociolinguística, campo da Linguística que estuda as relações entre língua e sociedade, tem uma agenda de pesquisa que, nos últimos 60 anos, vem demonstrando que podemos saber muito de uma pessoa só observando como ela fala. Só de ouvirmos uma pessoa, fazemos predições sobre a sua idade, de onde é, o quanto estudou e, também, sobre seu gênero. Se essas categorizações são importantes na sociedade, buscamos pistas delas, e uma fonte dessas pistas é a língua.

O que tem sido denominado "linguagem neutra" precisa ser entendido como um rótulo amplo, que se consolidou em explicações sobre os usos tanto de "todos e todas" quanto de "todes", "todos, todas e todes", "tod@", "todx". Esse rótulo é aplicado tanto nas situações em que a referência a todos os gêneros das pessoas é explicitada, como em "todos, todas e todes", quanto em situações em que uma forma – "todes", ou "tod@s", ou "todxs", alternativa ao masculino genérico convencionado para esses contextos – refere-se a um grupo de pessoas cujo gênero não é conhecido ou não é possível de ser identificado. Ou, ainda, refere-se ao uso de "todes", tod@s", todxs" para referir-se a pessoas cujo gênero não é masculino ou feminino (é não binário).

Dessa diversidade de usos, uma explicação bastante usual no senso comum é a de que, em relação ao gênero de pessoas, quando não se refere a masculino ou a feminino, é neutro. Essa é uma aproximação pouco precisa, pois pressupõe que só existem identidades de gênero masculinas ou femininas, invisibilizando outras identidades de gênero. Por outro lado, também há o uso de marca de feminino coordenada à marca de masculino, em alternativa ao uso do masculino genérico, que, também no senso comum, é entendido como neutro. O uso coordenado de formas em alternativa a uma forma de suposta neutralidade (como é o masculino genérico) dá contornos de inclusão, e não de neutralidade. Essas estratégias de uso seriam mais apropriadamente denominadas de *linguagem inclusiva*, que é como esse movimento é chamado em outros países e em outras línguas. É por isso que o título deste livro é *Não existe linguagem neutra!*, no sentido de que não há neutralidade na língua quando em referência a gênero de pessoas.

"Linguagem neutra" não é um rótulo preciso do ponto de vista científico, assim como não o é, por exemplo, "linguagem simples", que se refere a um movimento para democratizar o acesso à informação para o exercício da cidadania, não sendo, pois, uma simplificação da linguagem, como pode sugerir o rótulo. O mais apropriado, nesse caso, seria por exemplo "comunicação cidadã". Mas nem sempre os rótulos cunhados pela ciência são aqueles de maior repercussão na sociedade; e é como "linguagem neutra" que a percepção e o uso dessas diferentes formas na língua têm sido referidas no Brasil. O rótulo recobre diferentes regras linguísticas e diferentes ideologias, e, do ponto de vista sociolinguístico, envolve processos tanto de emergência de marcas para referência não binária a gênero de pessoas quanto da regularização desse e de outros usos em alternativa ao masculino genérico em situações em que a referência ao gênero é ampliada.

Em situações em que coexistem diferentes regras, as dinâmicas da língua levam a uma situação de variação. Neste momento, diferentes grupos utilizam diferentes regras para tentar representar neutralidade de gênero na língua (tanto o masculino genérico como as formas não binárias), assim como há grupos que usam a língua para identificar e incluir diferentes gêneros na língua. Todas as formas de referência a gênero de pessoas que se apresentam como alternativas ao masculino genérico são referidas, no senso comum, como linguagem neutra, mesmo não sendo "neutra".

Como podemos perceber, há muitas regras abrigadas no rótulo "linguagem neutra", e, em comum, está o fato de que todas essas regras se apresentam como uma alternativa ao masculino genérico, já convencionalizado na gramática. E a ameaça de sua hegemonia desencadeia reações na sociedade, que podem vir na forma de projetos de lei proibindo o uso de linguagem neutra ou na obrigação de seguir a norma hegemônica, como no "jabuti" (uma instituição da política brasileira que consiste em introduzir no meio de uma lei outra coisa que não tem nada a ver com o que está em discussão) que aparece no inciso IX do artigo 5º do Projeto de Lei nº 6.256/2019. Esse Projeto de Lei (PL) institui a Política Nacional de Linguagem Simples, aprovado na Câmara dos Deputados em dezembro de 2023, e segue aguardando apreciação pelo Senado Federal: "não usar novas formas de flexão de gênero e de número das palavras da língua portuguesa, em contrariedade às regras gramaticais consolidadas, ao Vocabulário Ortográfico da Língua Portuguesa (Volp) e ao Acordo Ortográfico da Língua Portuguesa, promulgado pelo Decreto nº 6.583, de 29 de setembro de 2008". Sem citar o rótulo linguagem neutra, as formas emergentes, "todos e todas", "todes", "todos, todas e todes", "tod@", "todx", foram barradas neste PL. Não importa o rótulo dado, a ameaça à hegemonia do masculino genérico será combatida. Nesse sentido, a linguagem não pode nem deve ser neutra, pois os embates ideológicos se manifestam na linguagem.

Como não há neutralidade, e há vieses, este livro tem um viés, o viés de uma mulher, não uma pessoa que tem útero, nem uma pessoa que menstrua. Embora eu ainda tenha útero e menstrue, em pouco tempo, posso deixar de ter as duas propriedades caracterizadoras citadas e certamente deixarei de ter uma delas quando entrar na menopausa. Não é um útero que me caracteriza.

Este é o viés de uma mulher cis, que aceitou a conformação de gênero que a sociedade impôs antes mesmo do nascimento. Este é o viés de uma linguista, uma das áreas da ciência com maior proeminência quantitativa feminina. Mas, mesmo nessa área superfeminina da ciência, a desigualdade de gênero existe. As mais altas posições acadêmicas e de liderança de saberes são masculinas. Em eventos, no final do dia, enquanto as mães e as filhas voltam para o hotel a fim de acompanhar a rotina de cuidadoras, de crianças ou de envelhecentes, homens vão para os espaços onde realmente são decididas as questões acadêmicas que vão impactar carreiras, combinando, entre papos e cervejas, ou caipirinhas, ou só água, as próximas ações que os mantêm no espaço da visibilidade. Também são as mulheres as vítimas caladas de assédio, em diferentes estágios da carreira. Constituir família é uma decisão conjunta, mas o peso e o impacto recaem na carreira de "pessoas que têm útero e que amamentam". Cuidar da família é uma decisão que a sociedade já conformou às mulheres, que são quem abandonam projetos de carreira em prol do cuidado (quando não ao mesmo tempo), tanto de prole como de genitores.

Existem outros vieses para explicar o que tem sido chamado de linguagem neutra, e a diversidade sempre é positiva. Dar visibilidade ao mosaico de vieses que constitui a sociedade é fundamental para superarmos os tempos de intolerância em que vivemos. Daí a importância da popularização da ciência e o desencastelamento da academia, com o ativismo fora da bolha.

O que é linguagem neutra? Existe gênero gramatical neutro? A escola deve ensinar marcas não binárias? Quais são essas marcas no português? Essas e outras questões têm atraído o interesse da sociedade. E é na tentativa de respondê-las que escrevi este livro, que reflete o percurso de minha formação como cientista e ativista no campo de estudos da diversidade linguística.

A leitura deste livro é uma oportunidade de refletir sobre as escolhas que são recobertas pelo rótulo "linguagem neutra. Quando escolhemos entre "todos", "todos e todas", "todes", "todos, todas e todes", "tod@", "todx", "tods", ou outra forma que aparecer, estamos refletindo um alinhamento a uma regra gramatical e a um modo de ver gênero na sociedade, mesmo que não tenhamos consciência disso. Daí a importância de entender como as regras da língua entram nas gramáticas. Uma gramática é um compilado de regras de uma língua, e o fato de uma estar nas gramáticas da língua é importante e revela o poder do grupo que a usa.

As forças dos grupos que se identificam com cada uma das regras emergentes de gênero em referência a pessoas se manifestam na militância de cada grupo na defesa da sua regra, não só pelo uso das formas, mas também por apresentar explicações ou justificativas para isso.

Em alinhamento às ideologias subjacentes aos grupos a que estão associadas, por vezes são evocados argumentos com base em regras já estabelecidas nas gramáticas, que são distorcidas. Um deles é o argumento de que o latim tinha gênero neutro e que, por isso, o português está desenvolvendo um gênero neutro (o latim, de fato, tinha gênero neutro, mas nunca em referência a pessoas). Outro é o argumento de que o masculino é o gênero natural porque é o gênero não marcado e, assim, seria o gênero neutro. Esse argumento é resultado de uma leitura distorcida de um conceito de uma teoria linguística específica que é extrapolada para explicar fatos além da língua, como mostramos neste livro no capítulo "Gênero na tradição gramatical".

Por envolver o embate público, é natural que essa discussão chegue à escola. Lidar com a diversidade linguística é um direito de aprendizagem que está na Base Nacional Comum Curricular (BNCC), e levar a discussão sobre linguagem neutra para a sala de aula reforça a importância da gramática em uma educação para a diversidade linguística. Esses aspectos são tratados nos cinco capítulos que compõem este livro.

O capítulo "A percepção das regras da língua" apresenta o modo como uma regra é percebida e compartilhada em uma comunidade linguística, e explica como novas formas surgem e entram na gramática. O capítulo "Gênero na sociedade e na língua" introduz o conceito de gênero, em contraponto ao de sexo, sob perspectiva multifacetada quanto ao alinhamento aos movimentos identitários, e apresenta as abordagens da Linguística para essa categoria social. Em seguida, o capítulo "Gênero na tradição gramatical" examina o modo como gênero foi incluído nas gramáticas, do latim ao português brasileiro contemporâneo, apontando os movimentos e as acomodações das regras de gênero. Em continuidade, no capítulo "Mudanças na sociedade, mudanças na língua", são examinados os problemas de uma mudança linguística sob a perspectiva da teoria da variação e mudança, considerando as direções dos movimentos de linguagem não sexista, linguagem inclusiva e linguagem neutra. Por fim, o capítulo "Linguística neutra?" defende o posicionamento claro e ativo da ciência, ou melhor, de quem faz linguística, na sociedade, e apresenta as repercussões da linguagem neutra na sociedade e na escola.

Eu defendo não uma linguagem neutra, mas uma linguagem inclusiva, com a referência aos gêneros das pessoas. Por isso, boa leitura para todas, todos e todes! E vocês?

A PERCEPÇÃO DAS REGRAS DA LÍNGUA

Em 24 de novembro de 2020, o Brasil atingia o número de 170.000 mortes por covid-19, segundo a apuração do consórcio de veículos de imprensa. Nessa data, as escolas públicas, salvo raras exceções, ainda estavam fechadas. Ao final da pandemia, a Organização para a Cooperação e o Desenvolvimento Econômico (OCDE) computou uma média de 178 dias de escolas fechadas no Brasil na rede pública. Os retrocessos educacionais desse fechamento ainda estão sendo mensurados. No auge do fechamento das escolas, com crianças, famílias e educadores lutando com as precariedades de infraestrutura educacional de antes da pandemia, o legislativo brasileiro estava preocupado com "o direito dos estudantes de todo o Brasil ao aprendizado da língua portuguesa de acordo com a norma culta e orientações legais de ensino" (Projeto de Lei nº 5.248/2020).[1] Pouco menos de uma semana antes, no dia 18 de novembro de 2020, outro projeto de lei (PL) foi apresentado no legislativo federal para vedar "expressamente a instituições de ensino e bancas examinadoras de seleções e concursos públicos a utilização, em currículos escolares e editais, de novas formas de flexão de gênero e de número das palavras da língua portuguesa, em contrariedade às regras gramaticais consolidadas" (PL nº 5.198/2020).[2] Mascarado de altruísmo para proteger direitos, o PL nº 5.248/2020 mostra seu objetivo:

> Art. 2º Fica vedado o uso da "linguagem neutra", do "dialeto não binário" ou de qualquer outra que descaracterize o uso da norma culta na grade curricular e no material didático de instituições de ensino públicas ou privadas, em documentos oficiais dos entes federados, em editais de concursos públicos, assim como em ações culturais, esportivas, sociais ou publicitárias que percebam verba pública de qualquer natureza.[3]

Essa preocupação reverbera o que o parágrafo único do art. 1º do PL nº 5.198/2020 enuncia de outra forma: "Nos ambientes formais de ensino e educação, é vedado o emprego de linguagem que, corrompendo as regras gramaticais, pretendam se referir a gênero neutro, inexistente na língua portuguesa."[4]

Tal alinhamento fez o segundo projeto ser agregado ao primeiro, por tratarem de matéria semelhante. A lista dos anexados ao PL nº 5.198/2020, na última movimentação disponível para consulta, em 14 de abril de 2023, consta de 19 outras propostas, somente em nível federal. Nenhuma delas ainda se tornou lei federal, mas pipocaram outras iniciativas de igual natureza, reproduzindo os mesmos argumentos, em nível estadual, municipal e distrital. Uma dessas iniciativas, no estado de Rondônia, foi aprovada e sancionada, Lei Estadual nº 5.123, de 19 de outubro de 2021,[5] que foi objeto da Ação Direta de Inconstitucionalidade 7.019, com limita suspendendo os efeitos da Lei em novembro de 2021, sendo julgada em definitivo pelo Supremo Tribunal Federal em 10 de fevereiro de 2023,[6] que declarou inconstitucional por ser matéria da esfera federal. Já que não podem legislar sobre o tema, resta pressionar o legislativo federal, como feito pela Moção 424/2023 da Câmara Municipal de Jundiaí, que apela para que o PL nº 5.198/2020 seja pautado para apreciação imediata.[7]

Se do ponto de vista científico, no cenário sociolinguístico brasileiro, com quase meio século de tradição em pesquisa, temos um corpo de evidências robustas que descrevem e legitimam a regra variável de construções como "nós pega o peixe", a educação para a diversidade linguística ainda é falha. Por conta de uma construção como a exemplificada, presente em um livro didático para a educação de jovens e adultos, no ano de 2011, as manchetes "MEC defende que aluno não precisa seguir algumas regras da gramática para falar de forma correta"[8] ou "MEC distribui livro que aceita erros de português"[9] ecoaram na sociedade. Conhecido como "episódio do livro didático", vários ensaios acadêmicos abordaram a questão do ponto de vista linguístico à época, explicando a naturalidade do fenômeno do ponto de vista sociolinguístico, o alinhamento às diretrizes educacionais, preconizadas dez anos antes pelos Parâmetros Curriculares Nacionais[10] e a falta de uma educação para a diversidade linguística na sociedade, evidenciando a importância de ações de popularização da sociolinguística.

"A linguística não conseguiu ainda ultrapassar as paredes dos centros de pesquisa e se difundir socialmente, de modo a fazer ressoar seu discurso em contraposição aos outros discursos que dizem a língua no Brasil... Em termos de língua, vivemos uma fase pré-científica, dogmática e obscurantista".[11] Lamentavelmente, essa afirmação – que reflete o momento atual – é feita na contracapa de *Estrangeirismos: guerras em torno das línguas*, obra organizada por Carlos Alberto Faraco que reúne críticas e desfazimentos dos graves equívocos que embasavam, em 1999, o PL nº 1.676/1999, conhecido como Lei dos Estrangeirismos.[12] As discussões foram importantes, mas não suficientes. Dez anos depois, foi proposto, em âmbito estadual, o PL nº 156/2009, que obriga a tradução de qualquer expressão estrangeira com equivalente em língua portuguesa no estado do Rio Grande do Sul.[13] E, 20 anos depois, novamente em âmbito federal, tramita o PL nº 5.632/2020, que objetiva proibir nomear empresas brasileiras com expressões em língua estrangeira, com a justificativa de que o nome estrangeiro pode causar constrangimentos.[14]

Legislar sobre língua é uma mania da política brasileira, em especial em temas em que leis são absolutamente inócuas, como é o caso da língua. Vinte anos depois, no ápice de uma pandemia que ceifou a vida de mais 700 mil brasileiros e impôs isolam ento social que resultou no fechamento de escolas, parlamentares brasileiros não estavam preocupados com proposições de leis para mitigar os efeitos na aprendizagem, mas, sim, com projetos de lei para proibir o uso de estrangeirismos, ou proibir e punir quem usar marcas não binárias de referência a gênero. Por que, com tantos problemas em meio a uma pandemia, as pessoas se preocuparam com "linguagem neutra"? Para uma preocupação a ponto de levar a uma ação com 20 projetos federais replicados em nível estadual, municipal e distrital, alguns dos quais sancionados como leis, é de se esperar um uso generalizado, com prejuízos indeléveis à sociedade, com problemas de compreensão ou perda de pontos em provas, avaliações e concursos públicos. Mas isso não se verifica empiricamente.

O fenômeno "linguagem neutra" é um caso interessantíssimo para estudo. Há, na prática, pouquíssimo uso do que se tem chamado de "linguagem neutra" na sociedade brasileira. Pouquíssimo e circunscrito a grupos muito específicos. Em virtude da sua baixa frequência, há igualmente poucos estudos linguísticos específicos sobre o fenômeno. Entretanto, há muitas opiniões, que ganham espaço na mídia e *status* de discurso de autoridade, assim como há uma grande produção de manuais e compêndios ensinando e prescrevendo o uso de linguagem neutra na comunicação cotidiana. Muitas são também as iniciativas legislativas para proibir ou barrar o seu uso (que é, repito, ainda muito restrito). O mais curioso é que esse fenômeno não acontece apenas na sociedade brasileira. As mesmas repercussões que a emergência de marcas não binárias têm tido no Brasil também são vistas na Argentina, no Chile, na Suécia, na França, na Alemanha e nos países ocidentais de língua inglesa.

Como já explicitado na Introdução, "linguagem neutra" é um rótulo que, ainda que impreciso, já se consolidou, e daqui em diante, não serão mais usadas aspas para se referir a esse rótulo. Do ponto de vista sociolinguístico, o que o legislativo e a mídia têm pautado como linguagem neutra se refere à emergência de marcas linguísticas para a expressão de gênero não binário e também os usos de marcas linguísticas já disponíveis para incluir mais de um gênero na referência a grupos de pessoas. Para entender esse processo, é preciso entender como o gênero se conforma na sociedade e na língua. Isso significa entender como as pessoas, individualmente, usam e processam as marcas linguísticas de identificação de gênero e, coletivamente, que ideologias linguísticas circulam na sociedade e reverberam em ações de planificação linguística, tais como as dos projetos de lei. Isso envolve a consciência das regras da língua e a percepção da mudança linguística.

CONSCIÊNCIA DAS REGRAS

Uma das definições mais correntes para gramática é a de conjunto de regras de uma língua (ou de uma variedade de língua). Essas regras não são nem universais, nem unívocas ou estáveis. São sensíveis ao tempo, aos contextos, às situações. As pessoas descrevem regras sempre de uma perspectiva. Uma dessas perspectivas é a da tradição gramatical, que tem deixado um legado de descrição de regras de uma variedade de prestígio, em situações formais ou escritas, que, igualmente por tradição, tem sido denominada de norma culta. Mas essa não é a única perspectiva possível para descrever regras da língua, em especial em situações de pluralidades de normas, em que grupos de pessoas são identificados por regras específicas, e, onde há mais de um, há categorização, hierarquização e julgamento.

Talvez essa não seja a definição mais clássica da abordagem das relações entre línguas e sociedade, mas é uma vertente que enfatiza que a avaliação da língua é determinante para a constituição da identidade linguística de quem a usa, em termos de apreciação social e consciência. Na sociolinguística, diferentes abordagens tentam explicar essa relação, como indicadores, marcadores e estereótipos,[15] *audience design*,[16] ordens indexicais[17] ou campos indexicais.[18] Em comum, essas propostas assumem que as pessoas fazem escolhas durante a fala, mas essas escolhas não necessariamente estão no nível da consciência.

A consciência sociolinguística é um conhecimento resultado das nossas experiências em lidar com a variação linguística, as diferentes maneiras de falar em diferentes contextos. Linguisticamente, as diferenças de regras levam a diferenças na gramática e, socialmente, para diferenças entre grupos sociais. As pessoas têm uma consciência sobre como a língua funciona, talvez a mais conhecida seja a consciência fonológica (que emerge no momento da alfabetização, com a percepção de que as palavras são formadas por sons e esses sons podem combinar entre si), mas outros tipos de consciência podem ser evocados, como a morfológica (as palavras são formadas por pedaços menores que têm significado e que segue padrões) e a sociolinguística (os diferentes falares, os diferentes sotaques e seus significados sociais, de origem e grupo). Ter consciência não é o mesmo que ter conhecimento consciente (o inglês tem duas palavras diferentes: *consciousness*, para ter consciência, e *awareness*, para ter conhecimento consciente). Ter consciência significa perceber que a língua é constituída por regras, mas não necessariamente saber definir ou explicitar quais são essas regras. A apreensão das regras se dá pela observação dos fatos no contexto de uso da língua por meio das lentes sociais que cada pessoa constrói com base nas suas experiências.

Assim, as pessoas que falam uma língua têm uma gama de conhecimentos específicos sobre ela, como os conhecimentos sobre a sua estrutura e gramática, com a consciência fonológica, morfológica, sintática, e também os conhecimentos sobre os aspectos sociais, incluindo variação linguística, variabilidade no ajuste entre quem fala e a sua audiência, intenções de quem fala, em suma, a consciência sociolinguística. As pessoas são expostas a diferenças linguísticas, em contextos situados, o que leva à sistematização de padrões de uso em conexão com fatos sociais.

Mais ainda, a consciência linguística envolve conhecimentos sobre como a língua pode ser deliberadamente manipulada para efeitos persuasivos, até atingir uma consciência crítica sobre a língua, o que envolve o reconhecimento de como padrões sociais e discursivos são mutualmente constitutivos e como as pessoas estão amplamente imersas e condicionadas por esses padrões linguísticos da comunidade. Ou seja, a diversidade linguística é a regra, e não a exceção.

A construção dos conhecimentos sobre língua decorre da observação de fatos e da inferência de regras. E, mesmo dentro da mesma comunidade linguística, nem todas as pessoas vão inferir as mesmas regras observando o mesmo fato. Uma maneira de desvelar as diferenças de regras é a observação pareada de fato e regra subjacente, tipo a tarefa *All the circle don't have a in them*,[19] adaptada na Figura 1. Considerem-se as frases e figuras e confira qual frase corresponde a qual figura.

Figura 1 – Conjunto de imagens para exercício de concordância.

(a) Triângulos e quadrado preto.   (b) Triângulos e quadrado pretos.

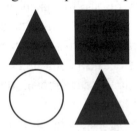 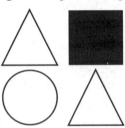

No português brasileiro atual, enquanto a frase (a) pode corresponder tanto à figura da esquerda quanto à figura da direita, a frase (b) só corresponde à figura da esquerda. Para a frase (b), o único arranjo possível é [[triângulos e quadrado] pretos], pois [[triângulos] e [quadrado pretos]] não é uma construção atestada na língua em uso neste momento da história da língua (ou, em termos de outra teoria, é uma construção agramatical).

Já a forma de superfície da frase (a) permite inferir duas estruturas para o sintagma: [triângulos e [quadrado preto]] ou [[triângulos e quadrado] preto]. Cada uma das estruturas corresponde a uma regra, com valores sociais e contextos de uso diferentes: em uma regra, a concordância de número é redundante, ou seja, ela é marcada em todos os elementos nominais do sintagma; em outra, a concordância de número é dominante (ou não redundante), sendo marcada no elemento mais à esquerda do sintagma.

Ambas as regras são atestadas por estudos sociolinguísticos, que descrevem perfis de pessoas que tendem a usar mais uma regra do que outra, e também por regras gramaticais, com juízos de valor e apreciação sobre cada uma delas. Do ponto de vista sociolinguístico, nem sempre a regra mais recorrente tem juízo de valor positivo. O valor de uma regra resulta de uma associação entre os perfis das pessoas na sociedade atual que a usam: regras mais bem avaliadas, com juízos de valor positivo, são associadas ao perfil de pessoas com maior escolarização, acesso a bens de consumo e de cultura, constituindo o que se denomina "norma culta", como veremos mais à frente. Mesmo que estatisticamente esse perfil de pessoas seja minoritário, a regra se torna hegemônica, apoiada em instrumentos normativos.

O acesso a essa regra pode se dar por conhecimento implícito, a partir de observação e inferência, ou por conhecimento explícito, por meio de correção (em termos de certo e errado, adequado e inadequado) ou mesmo instrução formal (o sentido de plural é um conhecimento implícito, mas o conceito de plural, em oposição a singular, é, portanto, aprendido na escola, um conhecimento explícito).

As pessoas, em algum momento, mobilizam a consciência sociolinguística ao tentar explicar por que uma pessoa fala diferente. Por muito tempo, a agenda dos estudos linguísticos teve como foco a descrição das regras por especialistas (linguistas e gramáticos); mais recentemente, tem ganhado espaço o estudo de como as pessoas leigas manipulam essas regras, ou o que as pessoas (os não especialistas) pensam sobre a língua, campo chamado de linguística popular ou linguística *folk*.[20] E, ainda mais recentemente, tem havido uma linha de estudos relacionada ao processamento da variação linguística, que considera efeitos de atenção, saliência e frequência na produção e na percepção linguística.[21]

Mas por que é importante o que as pessoas comuns, não linguistas, pensam sobre a língua? Por um lado, existe uma consciência sociolinguística popular, o modo como a população em geral percebe, processa e codifica as regras da língua, incluindo a identificação de variedades linguísticas como marcas social ou regionalmente localizadas. Por outro lado, age a força do prescritivismo, que é conjunto de práticas metalinguísticas normativas, com foco no valor de correção, no uso "correto", de acordo a norma codificada nas gramáticas. Enquanto o prescritivismo tenta se amparar em modelos científicos, a consciência sociolinguística popular ainda é ignorada pela ciência. Pouco se sabe cientificamente sobre as explicações, explanações e crenças sobre as relações entre língua e contexto social feitas por não especialistas.

Quando não especialistas tomam contato com alguma mudança nas regras hegemônicas, seu conhecimento implícito baseia suas explicações, que mobilizam os mesmos fatos que os especialistas observam em suas descrições. Foi o que aconteceu com a concordância de número no português brasileiro no episódio do livro didático mencionado anteriormente, que apresentava essa mesma discussão (uma das frases de exemplo é "Os livro mais interessante estão emprestado"). A regra que era esperada para constar em um livro didático (e que, de fato, constava em toda a lição) era a regra redundante, mas a discussão de um aspecto específico da regra não redundante e de seus efeitos de juízo de valor foi interpretada pelos não especialistas como tentativa de imposição dessa regra. E a interpretação dos não especialistas foi "Livro adotado pelo MEC defende falar errado".[22]

No episódio do livro didático não faltaram "especialistas" para apresentarem sua apreciação da regra, tema que movimentou a mídia e as redes sociais. O tempo passou, as duas regras continuam coexistindo, com os mesmos juízos de valor associados. Mas, enquanto a variação na concordância de número tem sido atestada já há um bom tempo, pelo menos 50 anos com os estudos sociolinguísticos a partir do projeto Competências Básicas do Português,[23] a concordância de gênero no português brasileiro tem se apresentado como uma regra quase categórica, com raríssimas exceções em situações de contato dialetal, como no português afro-brasileiro,[24] ou gênero vacilante, como previsto em gramáticas do português, como veremos no capítulo "Gênero na tradição gramatical".

Diferentemente da concordância de número, existe militância engajada nas regras na concordância de gênero, como a dos movimentos feministas e dos movimentos LGBT+. E, enquanto na concordância de número o arranjo das regras ocorre no nível da fronteira dos constituintes, na concordância de gênero, a mudança tem possibilitado a emergência de novas formas no sistema para expressar o gênero não binário.

Linguagem neutra e o episódio do livro didático reforçam não só a necessidade de ações de popularização da linguística já defendidas à época dos estrangeirismos, mas também apontam para um campo ainda a ser estudado que lida com as evidências empíricas quanto à dimensão cognitiva de aquisição e do processamento de regras variáveis.

Mobilizando a consciência sociolinguística, estudos de processamento sociolinguístico podem, por exemplo, prover informação científica para os rótulos atribuídos a variantes sociais e regionais específicas por não linguistas, assim como ajudar a identificar os traços (sócio)linguísticos que determinam sua classificação e auxiliar na tarefa de mapeamento e classificação de variedades e traços. A abordagem do fenômeno pode ter o foco na descrição da regra, como as pessoas efetivamente usam ou como as pessoas entendem essa regra. Em ambas as abordagens, importa saber como as regras são codificadas.

COMO AS REGRAS SÃO CODIFICADAS

Um ponto em comum entre quem adere ao uso de formas não binárias para a expressão de gênero e quem atua no combate a esse uso é a "gramática". A gramática, essa instituição, é acusada de proibir seu uso e perpetuar o sexismo na língua, de um lado, ou de ser vilipendiada pelo uso, pelo outro lado. Os argumentos gramaticais são evocados por ambos os lados dos movimentos relativos às marcas não binárias, muitas vezes distorcidos e manipulados para defender pontos de vista diferentes. Em comum, mais uma vez, o profundo desconhecimento sobre o que é gramática.

A polissemia da palavra "gramática" recobre diferentes enfoques de objeto, todos em comum à noção de conjunto de regras. Enquanto instrumento linguístico, gramáticas configuram-se como a descrição de regras.[25] Quem escreve uma gramática se dispõe a encontrar padrões na língua, organizá-los e descrever as regras, sistematizando-as e ilustrando-as, com as abonações em usos. Os padrões são encontrados nas experiências linguísticas de quem os está codificando, a partir do exame de um *corpus* linguístico constituído por diferentes textos modelares para a descrição dos padrões, ou as duas coisas ao mesmo tempo.

É importante destacar o papel de quem está descrevendo a regra: gramáticas enquanto instrumentos linguísticos apresentam recortes de regras modelados pelo viés de quem as está codificando. Esse viés se manifesta na escolha das variedades e dos registros da língua para a descrição, na perspectiva teórica, de tempo e de espaço.

A tradição gramatical se consolidou em torno de um recorte de língua voltado ao bem falar e ao bem escrever. O adjetivo valorativo não se aplica à língua, mas a quem fala aquela variedade ou recorte de variedade de língua. E a escala de valoração não é linguística, e sim social. Toda categorização implica juízo de valor, ao eleger um recorte e não outro, a descrição daquele recorte é hierarquizada. O recorte de língua que abona a tradição gramatical é descrito como norma culta, "conjunto de fenômenos linguísticos que ocorrem habitualmente no uso dos falantes letrados em situações mais monitoradas de fala e escrita".[26] Na escala de valoração, a norma culta se refere a usos linguísticos socialmente prestigiados, mas cujo prestígio não decorre de propriedades linguísticas, e sim dos processos sócio-históricos que legitimaram o grupo de pessoas que falam essa variedade. A norma culta é, então, uma variedade da língua, assim como tantas outras, mas que, por fatos externos a ela, é alçada a uma posição mais alta no processo de hierarquização das variedades.

Embora baseada em uma descrição de variedade, uma gramática é mais do que uma descrição da variedade: se existe uma variedade de língua que é mais bem avaliada socialmente e, se gramática é voltada ao bem falar e ao bem escrever, a gramatização transforma a gramática em um instrumento linguístico, na perspectiva de Sylvain Auroux. Instrumentos linguísticos, como dicionários e gramáticas, são ferramentas de tecnologia linguística para auxiliar na compreensão e produção da linguística, ao mesmo tempo servindo de base pedagógica para permitir o acesso à essa variedade de prestígio, assim como atuando na padronização e uniformização da língua. Daí decorre o conceito de norma-padrão, "uma codificação relativamente abstrata, uma baliza extraída do uso real para servir de referência, em sociedades marcadas por acentuada dialetação, a projetos políticos de uniformização linguística".[27]

O papel da norma-padrão – aquela que ninguém fala e nem ninguém ouve, mas a que todo mundo obedece – é esse mesmo, o de regular o comportamento linguístico, como uma sem vínculo com tempo e espaço, dando uma ideia de que a língua é estável e homogênea. Como resultado, há uma coerção social em busca de um efeito unificador. O efeito normatizador, como explica Carlos Alberto Faraco, foi uma política da codificação da norma gramatical brasileira, no final do século XIX, que teve mudanças de rumo significativas já no início do século XX, com uma norma gramatical contemporânea.

A norma gramatical brasileira contemporânea corresponde ao conjunto de fenômenos apresentados como cultos por quem escreve gramáticas e dicionários contemporaneamente, que reinterpretam preceitos da tradição gramatical de maneira mais flexível. Ainda que muitas descrições sejam baseadas na escrita literária, os juízos acerca de certos usos da norma culta são ponderados, com mais recomendações do que prescrições, e, como argumenta Faraco, buscando "não confundir preferência com obrigatoriedade".[28]

No entanto, apesar dessa mudança, ainda persiste na sociedade a cultura daquilo que recebeu o nome de "norma *curta*": "conjunto de preceitos dogmáticos que não encontram respaldo nem nos fatos, nem nos bons instrumentos normativos, mas que sustentam uma nociva cultura do erro e têm impedido um estudo adequado da nossa norma culta".[29] Mesmo sem encontrarem suporte em instrumentos linguísticos, os preceitos de norma curta são amplamente difundidos, inclusive em espaço escolar. Com as redes sociais, sua atuação amplifica ainda mais.

Bons instrumentos linguísticos são abertos às mudanças; eles recomendam, não obrigam. Ainda assim, se houver um ponto que não é recoberto pela recomendação, seguindo a tendência da norma contemporânea, a observação sistemática do uso é o critério mais produtivo e aderente a essa perspectiva. O uso da norma culta deve prevalecer em relação àquilo que é estipulado pelos instrumentos normativos, como as gramáticas e os dicionários. Em havendo divergência entre bons instrumentos normativos, os dois registros são válidos, o que abre espaço para o uso variável. Desnecessário dizer que, em havendo conflito entre bons instrumentos normativos e a norma curta, deve prevalecer o entendimento dos bons instrumentos normativos.

Se recomendar não é obrigar, não se pode dizer que prevalência do masculino genérico, o uso de "todos" para se referir a um grupo misto quanto ao gênero, é uma imposição gramatical ou um sexismo da língua. É resultado da observação sistemática dos usos por quem codificou a regra. O fato de os instrumentos normativos atualmente disponíveis não contemplarem marcas não binárias de gênero não significa dizer que essas marcas não existem na língua. Em havendo uso sistemático, as formas emergentes irão entrar na descrição gramatical dos instrumentos normativos.

A norma gramatical contemporânea tem considerado outros recortes de variedades e registros para além da norma culta, ampliando a cobertura da diversidade de fenômenos e variantes. É o caso dos instrumentos que se valem de amostras de dados linguísticos produzidos por pessoas em situação de uso, seja em fala ou em escrita, tal como as amostras dos projetos Norma Urbana Culta (Nurc), que é base de gramáticas como a de Ataliba Castilho[30] ou do Laboratório de Estudos Lexicográficos, que é base para a gramática de Maria Helena de Moura Neves,[31] assim como outras amostras linguísticas e de resultados de estudos descritivos, com diferentes enfoques teóricos.

O fenômeno da "linguagem neutra de gênero" no português brasileiro, tal como rotulado pela mídia, tem sido objeto de análise de especialistas em diferentes abordagens linguísticas e tem circulado em ambiente acadêmico. Mas são as explicações dos não especialistas que têm ganhado a atenção do grande público, não só na mídia, mas nas discussões em redes sociais e na pauta legislativa. Essas explicações assumem a força do prescritivismo, com a imposição de normas arbitrárias à língua, sem lastro no uso, com efeito sobre o comportamento linguístico das pessoas. Em outras palavras, mesmo que com boas intenções, comportam-se como instrumentos de norma curta: "Muito diferente dessa atitude ponderada e flexível [da norma gramatical contemporânea], a norma *curta* é o reino da inflexibilidade, das afirmações categóricas, do certo e do errado tomados em sentido absoluto. A norma *curta* é o mundo das condenações raivosas, das rabulices gramaticais".[32]

Este alerta vem sendo dado, ainda que sem o uso do rótulo de "norma curta". Silvia Cavalcante registra:

> Diferentemente de outras línguas, o debate no Brasil está apenas começando. No entanto, há diversos manuais e "minicompêndios gramaticais" que têm sido propostos e seguidos. Chamo de minicompêndios gramaticais aqueles cujo tom é bem parecido com as gramáticas prescritivas: "A regra gramatical que impunha que palavras que terminem com a letra 'u' sejam oxítonas deixa de existir. Assim como outras regras oficiais irão naturalmente ser alteradas para se adaptarem". E confundem estrutura da sílaba com regras gramaticais impostas. Algumas destas regras me lembraram da famosa "é ilícito iniciar frase com pronome oblíquo átono" encontrada na *Gramática normativa do português*, de Rocha Lima. Há, portanto, uma mistura de proposta de uma nova forma de inclusão com prescrição e crítica a formas naturais da língua.[33]

Um dos problemas enfrentados para a descrição sistemática do uso que embasa os bons instrumentos normativos é, justamente, a assistematicidade do uso. Em relação à emergência de marcas não binárias para a referência a gênero, o sistema da língua está passando por um momento de menor estabilidade, em que formas são alçadas ao sistema a fim de testar a sua produtividade empírica. A escassez de dados espontâneos de uso dificulta a descrição.

Na abordagem sociolinguística, nos valemos de algumas máximas, em especial a de fazer bom uso de maus dados, de William Labov,[34] ou a escavação de dados, de Fernando Tarallo,[35] em especial quando lidamos com outras sincronias de língua. Na sincronia atual, uma estratégia para obter dados é se valer de pistas indiretas, o que não possibilita uma análise variacionista, mas permite um *language regard*, um olhar sobre a língua, tal como propõe Dennis Preston.[36] A sociolinguística variacionista tem se estabelecido metodologicamente com estratégias de coleta e análise de dados com foco na produção linguística, com dados autênticos ou eliciados de pessoas falando em uma dada comunidade de fala, e na percepção linguística, com dados obtidos de modo indireto, por meio de tarefas como o *self-report* ou reações subjetivas, por exemplo.

Ampliando o escopo de abordagens, para o que Preston denomina de *language regard*, estão envolvidos outros aspectos que adentram o que ocorre com o falante enquanto está imerso na situação de uso da língua no que diz respeito à variação. Enquanto estudos de variação e mudança objetivam descrever padrões de uso de uma variedade em termos de regras e gramática, *language regard* é um conjunto de estratégias para desvelar o conhecimento que as pessoas têm sobre as variedades e o modo como isso as afeta, assim como a autopercepção acerca de seus usos e as ideologias e atitudes subjacentes a eles na comunidade. Para saber como as pessoas pensam, a linguística *folk*, ou linguística popular, tem se consolidado como um campo da sociolinguística que mobiliza tarefas como a de dialetologia perceptual, em que pessoas identificam variedades em mapas, os relatos populares, tais como comentários induzidos (como os coletados em entrevistas sociolinguísticas) ou espontâneos (como nas reportagens sobre o livro didático ou nas reportagens sobre linguagem neutra); e, juntamente com a abordagem da linguística antropológica, que tem contribuído para o desvelamento das ideologias linguísticas por meio de observação nas comunidades e o campo experimental, em interface com a psicologia social da linguagem, envolvendo desde estudos de reações subjetivas e eliciamento, num nível mais consciente, até nos julgamentos de falsos pares, com tarefa encoberta, o objetivo é tentar entender como as pessoas lidam com a informação linguística e não linguística ao mesmo tempo.

Nem sempre é claro o modo como as pessoas se identificam dentro de uma comunidade, e o que faz com que uma variável linguística seja sensível ou não à avaliação em uma comunidade pode ser atrelado ao seu grau de saliência, linguística, semiótica, social ou ideológica. Dentro das teorias da Psicologia da Linguagem, a abordagem societal das atitudes linguísticas, baseada nas pistas explícitas que circulam na sociedade, como em piadas, memes, postagens em redes sociais, ajuda a elucidar as crenças linguísticas por trás da intenção de proibir usos de variantes descritas nas abordagens sociolinguísticas. Os projetos de lei alegam impactos na qualidade da educação ou no purismo da língua: como podemos entender essa reação no nível da criminalização do uso linguístico? Entender como as pessoas percebem as regras sob a perspectiva do processamento da variação linguística pode explicar essa reação forte e repressiva por meio de leis que proíbem e criminalizam o uso linguístico: a hegemonia do masculino dominante se sente ameaçada e reage a isso.

Como já explicitado na Introdução, esta abordagem não é isenta, como não o é qualquer abordagem científica. Não há neutralidade de gênero quando em referência a pessoas: não se identificar nem com masculino, nem com o feminino não é o mesmo que ser neutro em relação a gênero. Pessoas têm identidade, expressão e orientação quanto a seu gênero, seja em perspectiva binária, seja não binária, e são categorizadas por isso na sociedade, queiram ou não. Não existe neutralidade nesse processo: a partir do momento em que atribuímos nome a uma entidade e a inserimos em determinada categoria, passamos a atribuir valores positivos ou negativos e a definir seu lugar em escalas hierárquicas. Esta é uma posição da Psicologia Social, mais especificamente da teoria das representações sociais.[37]

A intrínseca relação entre língua e sociedade interfere na saliência da regra, o quanto ela é ou não percebida, e por quem. Em sendo mutuamente constitutivas, mudanças na sociedade levam a mudanças na língua, e a trajetória dos estudos sociolinguísticos dá base empírica a essa premissa. Novas marcas de gênero são resultado de grupos que conquistaram espaço e representatividade na sociedade, e com isso também na língua. Mas, se língua e sociedade são mutuamente constitutivas, mudanças na língua podem levar a mudanças na sociedade: a inserção de novas formas de referência a gênero na língua dá visibilidade a grupos minorizados na sociedade.

Não há, então, como atribuir *a priori* sexismo à sociedade ou à língua. Entretanto, para entender os processos de mudança, é necessário escolher uma perspectiva para gênero na sociedade e na gramática, o que permite observar seus efeitos encaixados social e linguisticamente.

Notas

[1] BRASIL. Câmara dos Deputados. *Projeto de Lei n° 5.248*, de 24 de novembro de 2020. Estabelece o direito dos estudantes de todo o Brasil ao aprendizado da língua portuguesa de acordo com a norma culta e orientações legais de ensino, e dá outras providências. Brasília, DF: Câmara dos Deputados, 2020a. Disponível em: https://www.camara.leg.br/propostas-legislativas/2265570. Acesso em: 15 jan. 2024.

[2] BRASIL. Câmara dos Deputados. *Projeto de Lei n° 5.198*, de 18 de novembro de 2020. Veda expressamente a instituições de ensino e bancas examinadoras de seleções e concursos públicos a utilização, em currículos escolares e editais, de novas formas de flexão de gênero e de número das palavras da língua portuguesa, em contrariedade às regras gramaticais consolidadas. Brasília, DF: Câmara dos Deputados, 2020b. Disponível em: https://www.camara.leg.br/propostas-legislativas/2265327. Acesso em: 15 jan. 2024.

[3] Idem, p. 1.

[4] Idem, p. 2.

[5] RONDÔNIA. Casa Civil. *Lei n° 5.123*, de 19 de outubro de 2021. Estabelece medidas protetivas ao direito dos estudantes do Estado de Rondônia ao aprendizado da língua portuguesa de acordo com a norma culta e orientações legais de ensino, na forma que menciona. Porto Velho: Governadoria, 2021. Disponível em: https://sapl.al.ro.leg.br/media/sapl/public/normajuridica/2021/9987/l5123.pdf. Acesso em: 15 jan. 2024.

[6] BRASIL. Supremo Tribunal Federal. *Ação Direta de Inconstitucionalidade 7019/RO*. Relator: Min. Edson Fachin, 10 fevereiro de 2023. Disponível em: https://portal.stf.jus.br/processos/detalhe. asp?incidente=6292373. Acesso em: 15 jan. 2024.

[7] JUNDIAÍ. Câmara de Vereadores. *Moção n° 424*, de 23 de fevereiro de 2023. APELO ao Presidente da Câmara dos Deputados, ao Presidente do Senado e aos líderes dos partidos para que seja pautado, para apreciação imediata pelos Plenários, o PL n° 5.198/2020, do Deputado Junio Amaral (PL), que veda expressamente a instituições de ensino e bancas examinadoras de seleções e concursos públicos a utilização, em currículos escolares e editais, de novas formas de flexão de gênero e de número das palavras da língua portuguesa, em contrariedade às regras gramaticais consolidadas. Jundiaí: Câmara de Vereadores, 2023. Disponível em: https://www.camara.leg.br/proposicoesWeb/prop_mostrarintegra?codteor=22656 68&filename=Tramitacao-PL%205198/2020. Acesso em: 15 jan. 2024.

[8] Reportagem disponível em: https://g1.globo.com/jornal-nacional/noticia/2011/05/mec-defende-que-aluno-nao-precisa-seguir-algumas-regras-da-gramatica-para-falar-de-forma-correta.html. Acesso em: 17 mar. 2024.

[9] Reportagem disponível em: https://oglobo.globo.com/brasil/educacao/mec-distribui-livro-que-aceita-erros-de-portugues-2789040. Acesso em: 17 mar. 2024.

[10] BRASIL. Ministério da Educação e do Desporto. *Parâmetros Curriculares Nacionais*. Brasília, DF: MEC/SEB, 1998.

[11] FARACO, Carlos Alberto. *Estrangeirismos:* guerras em torno da língua. São Paulo: Parábola, 2001.

[12] BRASIL. Câmara dos Deputados. *Projeto de Lei n° 1.676*, de 15 de setembro de 1999. Dispõe sobre a promoção, a proteção, a defesa e o uso da Língua Portuguesa e dá outras providências. Brasília, DF: Câmara dos Deputados, 1999. Disponível em: https://imagem.camara.gov.br/Imagem/d/pdf/DCD04NOV1999.pdf#page=106. Acesso em: 15 jan. 2024.

[13] RIO GRANDE DO SUL. Assembleia Legislativa. *Projeto de Lei n° 156*, de 5 de agosto de 2009. Institui a obrigatoriedade da tradução de expressões ou palavras estrangeiras para a língua portuguesa, sempre que houver em nosso idioma palavra ou expressão equivalente, no âmbito do Estado do Rio Grande do Sul e dá outras providências. Porto Alegre, 2009. Disponível em http://proweb.procergs.com.br/Diario/DA20090817-01-100000/EX20090817-01-100000-PL-156-2009.pdf. Acesso em: 15 jan. 2024.

[14] BRASIL. Câmara dos Deputados. *Projeto de Lei n° 5.632*, de 22 de dezembro de 2020. Dá nova redação e acrescenta o parágrafo 1° ao artigo 1155 do Código Civil, onde será proibido o uso de nome de empresas em expressões de língua estrangeira. Brasília, DF: Câmara dos Deputados, 2020c. Disponível em: https://www.camara.leg.br/proposicoesWeb/prop_mostrarintegra?codteor=1955454&filename=PL%205632/2020. Acesso em: 15 jan. 2024.

[15] LABOV, William. *Sociolinguistic patterns*. Pennsylvania: University of Pennsylvania Press, 1972.

[16] BELL, Allan. Language style as audience design. *Language in society*, v. 13, n. 2, p. 145-204, 1984.

[17] SILVERSTEIN, Michael. Indexical order and the dialectics of sociolinguistic life. *Language & communication*, v. 23, n. 3-4, p. 193-229, 2003.

[18] ECKERT, Penelope. Variation and the indexical field. *Journal of sociolinguistics*, v. 12, n. 4, p. 453-476, 2008.

[19] LABOV, 1972, op. cit., p. 195.

[20] PRESTON, Dennis R. Folk linguistics and language awareness. In: GARRETT, Peter; COTS, Josep M. (Ed.). *The Routledge handbook of language awareness*. London: Routledge, 2017, p. 375-386.

[21] FREITAG, Raquel Meister Ko; SOTO, Marije. Processamento da variação linguística: desafios para integrar aquisição, diversidade e compreensão em um modelo de língua. *Revista de Estudos da Linguagem*, v. 31, n. 2, p. 1-36, 2023.

[22] Livro adotado pelo MEC defende falar errado. Reportagem disponível em https://g1.globo.com/brasil/noticia/2011/05/livro-adotado-pelo-mec-defende-falar-errado.html. Acesso em: 12 out. 2023.

[23] LEMLE, Miriam; NARO, Anthony J. *Competências básicas do português*. Relatório final de pesquisa apresentado às instituições patrocinadoras Fundação Movimento Brasileiro de Alfabetização (Mobral) e Fundação Ford. Rio de Janeiro, 1977.

[24] LUCCHESI, Dante. A concordância de gênero. In: LUCCHESI, Dante; BAXTER, Alan N.; RIBEIRO, Ilza. *O português afro-brasileiro*. Salvador: Edufba, 2009, p. 295-318.

[25] AUROUX, Sylvain. *A revolução tecnológica da gramatização*. Campinas: Ed. Unicamp, 1992.

[26] FARACO, Carlos Alberto. *Norma culta brasileira*: desatando alguns nós. São Paulo: Parábola, 2008, p. 73.

[27] Idem, p. 75.

[28] Idem, p. 100.

[29] Idem, p. 94.

[30] CASTILHO, Ataliba Teixeira de. *A nova gramática do português brasileiro*. São Paulo: Contexto, 2010.

[31] MOURA NEVES, Maria Helena. *Gramática de usos do português*. São Paulo: Ed. Unesp, 2000.

[32] FARACO, 2008, op. cit., p. 95, grifos do original.

[33] CAVALCANTE, Silvia Regina. A morfologia de gênero e a mudança acima do nível da consciência. In: BARBOSA FILHO, Fábio; OTHERO, Gabriel. *Linguagem "neutra"*: língua e gênero em debate. São Paulo: Parábola, 2022, p. 92, grifos do original.

[34] LABOV, William. Building on empirical foundations. In: LEHMANN, Winfred; MALKIEL, Yakov (Eds.). *Perspectives on historical linguistics*. New York: John Benjamins Publishing, 1982, p. 17-92.

[35] TARALLO, Fernando. *Tempos lingüísticos*: itinerário histórico da língua portuguesa. São Paulo: Ática, 1990.

[36] PRESTON, Dennis R. The cognitive foundations of language regard. *Poznan Studies in Contemporary Linguistics*, v. 53, n. 1, p. 17-42, 2017.

[37] MOSCOVICI, Serge. Notes towards a description of social representations. *European Journal of Social Psychology*, v. 18, n. 3, p. 211-250, 1988.

GÊNERO NA SOCIEDADE E NA LÍNGUA

Cultura e valores nem sempre são explicáveis ou traduzíveis em palavras, são resultado de uma força maior e mais forte, uma cola social que nos une e nos identifica. Por serem tão naturalizados, não são passíveis de contestação ou questionamento. Uma dessas naturalizações é o ritual de conformação do gênero, que, na sociedade brasileira atual, é elevado ao suprassumo do chá revelação.

Chá revelação é um evento social que acontece antes do nascimento de uma criança, e é o momento em que mãe, pai, família, papagaio e qualquer pessoa com acesso às redes sociais ficam sabendo se o ser que virá ao mundo em breve é menino ou menina.

A ultrassonografia, como parte da rotina do acompanhamento pré-natal, acabou com a ansiedade de se esperar até o nascimento. Saber se é menino ou menina é uma das informações mais cruciais no plano de uma gestação: é a partir dessa informação que as roupas, as cores, os brinquedos, a decoração do quarto e todo o futuro de um ser que nem veio ao mundo é definido. O gênero é conformado a partir de uma informação biológica, precisa (mas não tanto), que é a identificação da genitália no exame de ultrassom.

Saber da identificação a partir da inspeção visual da morfologia da genitália não altera a rotina dos exames e acompanhamentos pré-natais; o fato de o ser em formação ter genitália masculina ou feminina não interfere no tipo de vitamina a ser receitada à gestante ou no tipo de atividade permitida ou proibida. Mas, ao saber dessa informação, decisões são tomadas e comportamentos são modificados. Se antes os chutes na barriga eram apenas incômodos, ao conformar o gênero da criança, a interpretação muda: se menino, é porque quer ser jogador de futebol; se menina, é porque é nervosinha. A conformação do gênero continua nas palavras dirigidas à criança em sua vida intrauterina: para a menina, a voz mansa e doce, as palavras carinhosas e no diminutivo; para o menino, a voz firme, os adjetivos de força e encorajamento.

A urgência em se conformar o gênero, processo baseado exclusivamente a partir da impressão visual de uma pista morfológica indiretamente observada em um exame de imagem, revela o papel que nossa sociedade estabelece a esse traço de pertencimento. O mundo do gênero binário, menino ou menina, a guerra dos sexos, nos parece natural porque somos conformados assim desde antes do nascer.

Embora precisa e segura, a tecnologia por vezes falha, a interpretação da pista pode ser equivocada e surpresas podem acontecer ao nascer. O processo de conformação é tão forte que, quando ocorre uma predição de gênero não confirmada ao nascimento (a ultrassonografia deu pistas de genitália masculina e, ao nascer, a genitália da criança era feminina), a reação da família pode levar à rejeição e à negação. Por mais evidências de que a criança é realmente consanguínea, a predição de gênero malsucedida gera episódios de desconfiança ("não trocaram?") e, por vezes, instaura um clima de frustração na família. Afinal, a criança já foi anunciada ao mundo como sendo de um gênero, com enxoval, nome e expectativas construídas a partir desta suposição de gênero; o que fazer agora se ele é ela, ou vice-versa? E toda a construção de futuro que já foi feita em função do gênero, como fica?

Mas, mesmo quando o gênero inferido pelas pistas antes do nascer é confirmado pelas pistas ao nascimento, o processo de conformação de gênero no decorrer do desenvolvimento do ser nem sempre resulta alinhado ao sexo biológico. A determinação de sexo biológico é uma pista muito frágil e insuficiente para explicar toda a dinâmica de comportamentos sociais que performamos em sociedade. O rompimento com o binarismo e a noção de papéis performados e conformados demandam a distinção entre sexo e gênero.

O DESPERTAR DO GÊNERO

Há várias explicações para dissociar o que é comportamento do que é biológico, o que é sexo do que é gênero, cujo despertar remonta a meados do século passado.

As alegadas origens para o termo "gênero" são várias. Costuma-se atribuir a John Money uma menção a gênero para tratar de intersexo.[1] Mais recorrente é a distinção proposta por Robert Stoller, também tratando de crianças intersexo (com características de ambos os sexos), em que sexo se refere aos aspectos anatômicos, morfológicos e fisiológicos, tais como genitália, gônadas, cromossomos sexuais, hormônios característicos da espécie humana, enquanto o comportamento é atribuído ao papel do gênero.[2] Particularmente prefiro uma explicação mais pragmática, como a atribuída às práticas de Ruth Bader Ginsburg, relatada no filme *Suprema* (original em inglês é *On the basis of sex*).[3] Ruth Bader Ginsburg foi a segunda mulher a alcançar o cargo de ministra da Suprema Corte nos Estados Unidos. Ela consolidou sua trajetória como advogada defendendo casos de discriminação de pessoas quanto ao seu sexo nos anos 1970, tanto masculino quanto feminino. Em uma cena, a secretária que datilografou a petição de seu primeiro caso sugeriu trocar a palavra "sexo" por "gênero", pois a palavra sexo poderia remeter os juízes, todos homens, a uma distração (sexo é aquilo que se faz no banco do carro, ou algo que o valha). Pode não ser esse o motivo que a tenha levado à vitória, mas a escolha cuidadosa do termo com toda a certeza fortaleceu sua posição dentro de uma estratégia mais ampla que ela adotou, não de questionar diretamente a discriminação no sistema legal (ela havia levantado mais de 100 dispositivos legais discriminatórios, seja para homens, seja para mulheres), mas de questionar lei a lei, inclusive aquelas que poderiam discriminar homens.

Seja qual for a explicação, o paradigma sexo/gênero é o contexto no qual os diferentes feminismos se desenvolvem. Mesmo dentro do movimento feminista, há diferentes correntes e abordagens para o gênero e relacionadas com o sexo, que podem ser concorrentes e divergentes, como a do determinismo biológico e a da construção social. As diferenças biológicas entre homens e mulheres são a base da opressão (feminismo da dominância) e da desigualdade (feminismo da diferença) entre os gêneros. São as características biológicas que determinam papéis e comportamentos. Na corrente da construção social, gênero é resultado não determinado pela biologia, mas pela cultura e pela sociedade. As normas e expectativas de gênero são produtos da socialização e das estruturas de poder na sociedade.

Uma abordagem que distingue o sexo e o gênero, separando estritamente o biológico do cultural, é praticamente impossível. Marcadores como hormônios, genes e morfologia são utilizados para determinar a identidade sexual de uma pessoa, enquanto aspectos psicológicos e sociológicos são responsáveis por descrever sua identificação com o gênero masculino, feminino ou outro, como no caso de pessoas agênero, por exemplo. Essa abordagem não nega a existência de diferenças anatômicas entre homens e mulheres. No entanto, a ideia de que essas diferenças determinam de forma absoluta o comportamento ao longo da vida também não se sustenta.

Mais recentemente, sob o rótulo de "feminismo de terceira onda", emergiram correntes teóricas antagônicas que refletem o panorama de um mundo pluralista surgido na pós-modernidade. Convivem ou são contemporâneos o feminismo cultural e o ecofeminismo essencialista, que retomam noções essencialistas de homem e mulher, juntamente com um feminismo denominado de pós-feminista, englobado sob o rótulo de "feminismo de quarta onda", que inclui tanto o feminismo *queer*, como o ciberfeminismo.

Separar a dimensão biológica da dimensão social, por comportamentos, formações e culturas, abre a possibilidade para se pensar gêneros para além do binário. A não conformidade com as definições de gênero alinhadas a um padrão binário é a origem dos movimentos não binários que vão de LGBT a LGTBQIAPN+ (daqui em diante LGBT+).[4]

Assim, abrem-se diferentes arranjos para o gênero, em termos da sua identidade (cis ou trans), da sua expressão (homem, mulher, agênero, andrógino), do seu sexo biológico (macho, fêmea, intersexo) e da orientação afetiva (hetero, trans, bi), permitindo não mais um gênero binário, ou masculino, mas um gênero fluido. Isso não nega ou anula a feminilidade de uma mulher cis fêmea heterossexual, nem a masculinidade de um homem cis macho heterossexual, que continuam hegemônicos e configuram a heterocisnormatividade, mas não são as únicas identidades possíveis dentre um leque de muitas outras, incluindo a fluidez.

No entanto, os próprios movimentos identitários, cuja trajetória de construção parte da dissociação de gênero do sexo biológico, voltam-se ao

Gênero na sociedade e na língua 35

biológico novamente. As novas configurações de gênero geram novas demandas na sociedade, configurada de maneira binária heterocisnormativa.

A mesma sociedade que cultua um chá revelação também adota banheiros coletivos segmentados por sexo, um masculino e outro feminino. Qual é o banheiro para as pessoas que não se conformam a esse padrão heterocisnormativo? Se escolas têm banheiros segmentados para meninos e meninas, aviões têm banheiro unissex, e isso nunca pareceu ser um problema.

Entretanto, mesmo dentro da heterocisnormatividade há hierarquia, em que o masculino se sobrepõe ao feminino. A mesma sociedade que têm banheiro segmentado por sexo tem produtos específicos para homens e mulheres, como absorventes menstruais, não apenas para mulheres, mas pessoas que menstruam, já que homens trans também podem menstruar. Com a inclusão transexual no sistema de saúde, as recomendações para exames ginecológicos não podem mais considerar apenas a saúde da mulher, já que homens trans também podem engravidar. A heterocisnormatividade de mulheres grávidas é substituída por "pessoas que gestam" ou "pessoas que têm útero". Esta é uma proposta de inclusão pela língua, dando visibilidade a um grupo minorizado na sociedade.

No entanto, embora maioria na população brasileira, mulheres também são minorizadas na sociedade e na língua. Mulheres têm, em geral, menor remuneração e estão sub-representadas nas instâncias de poder. Um dos poucos lugares de resistência é na língua e, em relação à saúde reprodutiva, a substituição de *mulher* – uma referência ao gênero feminino ancestralmente performado e socialmente construído – por outros termos é uma forma de apagamento. Embora seja inclusivo para um grupo, outro grupo é invisibilizado. Mesmo que homens trans possam engravidar, o sistema de saúde ainda atende majoritariamente mulheres. Por isso, em outra direção do movimento feminista, por trás de uma suposta inclusão está a luta contra o anulamento do feminino, em que as mulheres são reduzidas às suas funções biológicas: mulher não é pessoa que menstrua, assim como não é "depósito de p*rra". Nesse sentido, enquanto há recomendações para dessexualização da linguagem reprodutiva feminina, com a intenção de ser inclusiva, para dar visibilidade a outras identidades, substituindo "saúde da mulher" e "mãe" por "pessoa com útero" ou "pessoa que menstrua" e "pessoa lactante" ou "pessoa que amamenta",[5] há também um movimento de resistência à redução a um corpo e sua fisiologia: a desumanização da relação mãe e bebê tem impactos que podem levar à descaraterização e ao enfraquecimento do aleitamento materno.[6]

Substituir o conceito de mulher por pessoa que menstrua é reduzir a construção de gênero a um atributo biológico, tal qual "depósito de p*rra". Nem todas as mulheres menstruam. Há mulheres e há pessoas que menstruam, uma categoria não excluí a outra. As reações extremas sempre têm como alvo mulheres. Lola Aronovich, professora da Universidade Federal do Ceará que escreve sobre gênero e feminismo no blog *Escreva Lola escreva*, virou alvo de grupos extremistas que difundem o discurso de ódio a mulheres, com ações que vão desde referir mulheres como "depósito (de p*rra)" até perseguições com ameaças de morte. A reação foi tão extremada que motivou a Lei Lola contra misoginia no mundo digital.[7] Enquanto Lola (e tantas outras mulheres) foi perseguida por grupos de ódio masculinos (mascus, incels), Mara Telles, professora da Universidade Federal de Minas Gerais, que expressou sua opinião por não se sentir representada "pessoa que menstrua", foi alvo de processos e perseguições acusada de transfobia.[8] Djamila Ribeiro resume: "Nós, mulheres, não somos apenas 'pessoas que menstruam'".[9]

Há quem diga que a defesa do gênero como identidade é a defesa do patriarcado, assumindo a hierarquia sexual dos homens sobre as mulheres. Não é, e não pode ser. Para haver inclusão, é preciso abrir espaço; a diversidade é uma negociação de espaços de poder. A inclusão não é troca de uma norma por outra; trocar mulher por pessoa que gesta, amamenta ou menstrua segmenta ainda mais um grupo minorizado, reforça a hierarquia heterocisnormativa, com o apagamento do feminino, e evidencia ainda mais o sexismo da sociedade.

Sexismo é o rótulo atribuído ao preconceito dirigido a pessoas seccionadas por seu gênero. A reação ao sexismo na sociedade é resultado do enfrentamento dos grupos de fora do masculino heterocisnormativo, que é hegemônico. Em comum aos movimentos feministas, está o processo histórico de recusa a uma representação que anule a identidade. É nessa negociação de espaços de poder que a heterocisnormatividade masculina é questionada, em diferentes domínios da sociedade, incluindo a linguagem.

AS DIFERENÇAS DE GÊNERO SE MANIFESTAM NA LÍNGUA

A investigação sobre linguagem e gênero tem sido pauta no campo da linguística em perspectiva contrastiva, com múltiplas abordagens para as diferenças atribuídas ao gênero social como explicação de comportamentos linguísticos de homens e mulheres. Uma das mais conhecidas e pioneiras é a de Robin Lakoff, em *Language and woman's place*,[10] nos anos 1970, que defendia uma linguagem das mulheres, um sexoleto. Traços da fala das mulheres levariam a uma impressão geral de fraqueza e não assertividade. Lakoff defende a ideia de há algo errado na fala feminina e que se as mulheres quiserem ser levadas a sério, precisam aprender a falar como os homens, caracterizando uma abordagem de déficit. A fala feminina seria caracterizada por vocabulário específico ("coisas de mulher"), adjetivos vazios ("divino", "maravilhoso"), uma entonação interrogativa em contextos em que se esperaria entonação assertiva, o uso de marcadores discursivos como estratégias de defesa (evidenciais epistêmicos, adversativos, etc.), um cuidado com a correção da linguagem ("gramática excessivamente certinha"), a polidez, o não uso de palavrão. Embora seja minuciosamente detalhada, a diferenciação apresentada por Robin Lakoff não era embasada em pesquisa, mas em suas impressão e experiência.[11]

Ainda nos anos 1970, outra linha de abordagem para a relação entre linguagem e gênero é a da dominância, segundo a qual mulheres constituem um grupo oprimido e que, por isso, as diferenças linguísticas entre homens e mulheres são interpretadas como dominação masculina e subordinação feminina. A dominância masculina é enaltecida pelos usos linguísticos, com a premissa de que, na interação, todos os participantes, sejam homens ou mulheres, conspiraram para sustentar e perpetuar a dominância masculina e a opressão feminina. É o que mostram Candance Zimmerman e Don West, comparando interações de pares do mesmo sexo e sexos interpolados.[12] Nas interações mistas, os homens interromperam as mulheres 46 vezes e as mulheres interromperam os homens apenas 2 vezes.

Nessa perspectiva, o estudo de Pamela Fishman mostra que as mulheres fazem todo o trabalho para manter a conversa em andamento,[13] com respostas mínimas, perguntas, marcadores discursivos (*tag questions*)[14], entre outros recursos, deixando aos homens apenas o conteúdo.[15] Em ambientes profissionais, durante cirurgias, Jackie West observou que as médicas usam diretivas atenuadas enquanto os homens usam imperativos diretos.[16] Os únicos casos de interrupção são os de mulheres com pacientes brancos do sexo masculino. Apesar de todos os avanços em busca de equidade, mulheres sofrem *manterrupting*, quando um homem interrompe constantemente uma mulher, de maneira desnecessária, não permitindo que ela consiga concluir sua frase (e ainda que não seja assim denominado), como no silenciamento de falas da ministra Rosa Weber no Supremo Tribunal Federal.[17]

Outra perspectiva, a da diferença, assume que homens e mulheres pertencem a subculturas distintas, portanto, têm expectativas diferentes em relação às interações. É o que mostra, por exemplo, Janet Holmes, com a análise de interação, em que as perguntas com *tag questions* assumem diferentes propósitos a depender do gênero: mulheres usam *tag questions* afetivas para suavizar e mostrar solidariedade, enquanto homens usam marcadores de modalidade para verificar os fatos.[18] Do ponto de vista interacional, mulheres usam marcadores afetivos para suavizar e mostrar solidariedade, os homens usam marcadores de modalidades para verificar os fatos. Em um estudo de interações entre homens e mulheres universitários, observamos que o assalto ao turno não parecia indicar necessariamente uma disputa pela fala, mas uma estratégia de colaboração na construção da interação e desenvolvimento do tópico discorrido, talvez uma característica da cultura acadêmica. No entanto, a tomada de turno para colaboração foi mais recorrente na fala de mulheres: muitas das interrupções das duas mulheres nas interações analisadas ocorrem para completar a fala do parceiro conversacional quando ele dá pistas de que está realizando o planejamento verbal, assim como para sinalizar concordância. Já os homens alternaram mais entre comportamentos colaborativos, como o de confirmar e completar a fala do outro, e comportamentos mais competitivos, de disputa e mudança de tópico da conversa.[19]

Em uma outra perspectiva, a fala feminina é analisada não sob o prisma da opressão ou do não empoderamento, mas da força das estratégias linguísticas características das mulheres, em busca de marcas interacionais femininas. Por exemplo, o estudo de Jennifer Coates mostra o trabalho em equipe das mulheres, que fazem uma espécie de "dueto", se sobrepondo e se unindo umas às outras.[20] Assumindo que os homens competem, as mulheres cooperam, Deborah Jones observou o uso da linguagem em grupos exclusivamente femininos, em especial a fofoca, que apresenta uma tipologia própria: conversa de casa, escândalo, reclamação, bate-papo.[21]

Em mais outra perspectiva, a abordagem de construção discursiva e dinâmica de gênero assume que a identidade de gênero é vista como uma construção, assim como qualquer outra categoria social. Não é uma característica intrínseca, mas algo conquistado na fala cotidiana. Sob essa perspectiva, alinham-se estudos da linguística *queer*, por exemplo.

O estudo da relação entre linguagem e gênero assume diferentes enfoques, direcionado especialmente pelos interesses dos movimentos feministas e LGBT+ em suas múltiplas vertentes, e dos estudos sociolinguísticos de orientação variacionista. Se, por um lado, mostra um campo de pesquisa em desenvolvimento e com relevância do tema, por outro lado, ainda há poucas tentativas de conciliação de posições e abordagens, produzindo poucas generalizações, uma "linguagem sem poder".[22] Essa conclusão decorre do fato de que, em muitos casos, o *status* no contexto é muito mais relevante do que o gênero. Ou seja, não é o gênero intrinsecamente que interfere na língua, mais outros aspectos que se tornam visíveis pelo gênero, como a divisão sexual do trabalho.

Os estudos com foco interacional envolvem um grande número de variáveis que podem interferir naquilo que é associado ao gênero. Também a metodologia qualitativa restringe o poder de generalização. Na sociolinguística variacionista, gênero é considerado o condicionante de regras variáveis. Em *(Re)Discutindo sexo/gênero na sociolinguística*, tratei de questões metodológicas que implicam vieses de análise relacionados a essa variável.[23] A sociolinguística estuda a relação entre língua e sociedade, em busca de padrões de uso associados a perfis sociais. As abordagens em larga escala segmentam os perfis sociais em macrocategorias, tais como idade, escolarização e o sexo das pessoas que contribuem com amostras linguísticas. O processo de recrutamento de participantes para contribuir com essas amostras linguísticas costuma se dar por auto e heteroidentificação: para alguns atributos, nos valemos da autoidentificação, como a escolaridade e a idade; já para outros, como é o caso do sexo, nos valemos da heteroidentificação. Isso fica evidente em uma entrevista sociolinguística, protocolo comumente adotado para a constituição de amostras linguísticas, no que chamamos de perguntas de checagem: a idade, a escolarização e onde mora são perguntas feitas diretamente à pessoa entrevistada; o sexo (ou o gênero) não. A inferência assumida no recrutamento de participantes para entrevistas sociolinguísticas não é confirmada verbalmente pela autoidentificação. Enquanto as amostras são estratificadas em masculino e feminino, ou homem e mulher, a dicotomia do gênero se transforma em um viés de seleção por heteroidentificação: quem classifica é quem está recrutando e não quem está contribuindo com dados sociolinguísticos, o que reproduz e reforça padrões heterocisnormativos.

Outro ponto de discussão importante na sociolinguística é o constructo subjacente à variável e seu rótulo: a macrocategoria que afeta a língua é sexo ou é gênero: são as pistas corporificadas de uma identificação biológica da pessoa que importam ou são seus papéis assumidos ou sua performance na sociedade? Na abordagem sociolinguística, identificamos o paradoxo do sexo/gênero: as abordagens controlam sexo, por meio do recrutamento de participantes selecionados por pistas corporificadas que sugerem um sexo, mas explicam os resultados a partir de performances esperadas para aquele paradoxo do sexo/gênero.

Na busca pelo modo como a variável foi construída e incorporada ao conjunto de macrocategorias para as explicações de comportamentos sociolinguísticos e a conformação da norma, em especial o papel da mulher, os pressupostos encontrados são, na melhor das hipóteses, resultados de achismos e senso comum, propostos por pesquisadores homens.

Esse problema, em 2015, não era uma novidade na área: o debate entre Penelope Eckert[24] e William Labov[25] na revista *Language, Variation and Change* assenta bases para a mudança na denominação, tanto que posteriormente o próprio Labov passa a adotar o rótulo "gênero", mas alerta que apenas a troca de nome sem mudar o modo como a questão é abordada na segmentação de perfis sociais na documentação das amostras linguísticas não faria diferenças.[26] As limitações metodológicas da ampliação do controle de gênero para além do binário em abordagens de larga escala ainda são pressões fortes a serem consideradas em vieses de análise relativos ao tratamento do gênero.

As evidências de associação entre padrões de estratificação social e gênero, em que as mulheres, independentemente de outras categorias sociais, como idade e classe, tendem a usar mais a forma padrão do que os homens, subsidiam a proposta do paradoxo do gênero: mulheres assumem um comportamento mais conformista do que os homens a normas do que os homens quando as normas não são abertamente prescritas.[27]

No entanto, ainda há resultados contraditórios e muitas especulações *ad hoc* sobre a relação da mulher com a variedade de prestígio e o seu papel na mudança linguística, o que sugere a necessidade de adoção de outras formas de controlar o gênero. Recentemente, tem havido um gradativo incremento para a correlação entre uso da língua e gênero considerando dimensões simbólicas e ideológicas da linguagem, inclusive para além do binário. E ainda há poucos estudos sobre variação no gênero de palavras. Podemos fazer um exercício, a seguir.

PRESIDENTE OU PRESIDENTA?

Entre 2011 a 2016, o Brasil foi governado por Dilma Rousseff, que escolheu flexionar o seu designativo, presidenta, ao amparo da lei e de acordo com o Vocabulário Ortográfico da Língua Portuguesa. A Lei Federal nº 2.749, sancionada por Juscelino Kubitschek em 2 de abril de 1956, normatiza o gênero dos nomes designativos das funções públicas. Em seu art. 1º, determina que:

> Será invariavelmente observada a seguinte norma no emprego oficial de nome designativo de cargo público: "O gênero gramatical desse nome, em seu natural acolhimento ao sexo do funcionário a quem se refira, tem que obedecer aos tradicionais preceitos pertinentes ao assunto e consagrados na lexeologia do idioma. Devem, portanto, acompanhá-lo neste particular, se forem genericamente variáveis, assumindo, conforme o caso, eleição masculina ou feminina, quaisquer adjetivos ou expressões pronominais sintaticamente relacionadas com o dito nome.[28]

Embora a palavra *presidente* seja classificada como um nome comum de dois gêneros, atendendo ao masculino e ao feminino, com a especificação do gênero atribuída ao determinante, o Vocabulário Ortográfico da Língua Portuguesa (Volp), instância que declara realizar "o registro oficial das palavras da Língua Portuguesa" e que goza de amplo respeito por ser vinculada à Academia Brasileira de Letras, também registra a forma *presidenta*, assim como o emprego do sufixo *-enta* para cargos femininos.[29] Trata-se, portanto, de um contexto variável abonado pelos instrumentos normativos. A própria Dilma Rousseff fez a sua escolha: "Presidente ou presidenta? Dilma reafirmou sua preferência pelo uso da segunda forma do termo. 'Presidenta não é nenhuma barbaridade gramatical, e é importante do ponto de vista do significado. Devo isso a todas as mulheres do Brasil: ser presidenta', frisou".[30]

Mas, mesmo antes da posse, as pessoas já estavam preocupadas com a questão gramatical. Mal o resultado do segundo turno da eleição saiu, a grande preocupação da nação era com a forma de flexão do nome da função pública que Dilma Rousseff ocuparia: "Dessa forma, não existe o termo *presidenta*, assim como não existe o termo *assistenta*, *contribuinta*, *dirigenta*, *pedinta* e outros. O fato de Dilma ser a primeira mulher presidente do Brasil não justifica a flexão já que outras mulheres foram *dirigente*, *assistente*, *pedinte*, *contribuinte* e nem por isso se fez necessária a flexão nominal de gênero onde ela não existe".[31]

Como explicar que uma forma prevista pelo Volp e em acordo com uma Lei Federal de 1956 pôde ser insistentemente ignorada senão por sexismo da sociedade? Embora a lei federal que normatiza o gênero dos nomes designativos das funções públicas seja de 1956, foi somente em 2012, com a Lei Federal nº 12.605, sancionada pela presidenta Dilma Rousseff, que diplomas passaram a ser flexionados em gênero para nomear a profissão ou o grau.[32] Até então, os diplomas sempre foram emitidos no masculino, independentemente do gênero da pessoa. Eu, Raquel, tenho diploma de licenciado em Letras, mestre e doutor em linguística. Esta lei é resultado do PL nº 12/2005,[33] que, depois de ser aprovado no Senado, passou a vigorar como PL nº 6.383/2009,[34] e então sancionado como Lei Federal nº 12.605 em 2012. Em havendo duas regras coexistentes, poderíamos aceitar que a regra do nome comum de dois gêneros fosse a forma preferida e predominante pela sociedade.

A ministra Cármen Lúcia Antunes Rocha, primeira mulher a presidir o Supremo Tribunal Federal, o quinto posto mais alto da República Federativa do Brasil, declarou preferir a regra do nome comum de dois gêneros, como disse em seu discurso de posse, em 10 de agosto de 2016: "Eu fui estudante e eu sou amante da língua portuguesa. Acho que o cargo é de presidente, não é não?".[35]

Por ser uma regra variável, escolher entre *presidente* e *presidenta* reflete o modo como as pessoas inferem as regras a partir das experiências, construindo sua consciência linguística, e também marcando sua posição, inclusive política. Nos discursos da 133ª sessão deliberativa extraordinária da 2ª sessão legislativa ordinária da 55ª legislatura, no período de 25 a 31 de agosto de 2016, que tratava do *impeachment* da presidenta Dilma Rousseff, a expressão regular "a presidenta" aparece 432 vezes, enquanto "a presidente" aparece 1.299 vezes, inclusive no título da compilação,[36] evidenciando que: 1) a regra é variável efetivamente nos usos, com alinhamentos políticos específicos associados e 2) sequer o Estado brasileiro respeitou sua vontade, ao não atender por sua escolha de regra. A respeito da questão, tratada no nível estilístico, a Secretaria de Comunicação do Congresso Nacional (Secom) assim se posicionou:

> Embora as duas formas sejam corretas para designar mulheres detentoras do cargo, a Secom adota apenas presidente, comum aos dois gêneros. O projeto de lei foi encaminhado ao Congresso pela presidente Dilma Rousseff.
> Só use a forma presidenta na reprodução de declarações:
> – A deliberação está em sintonia com as recentes decisões da presidenta Dilma Rousseff de diminuir os efeitos da crise econômica internacional por meio de ações que estimulem o consumo e o investimento na economia brasileira – disse.[37]

A mídia seguiu a mesma interpretação de regra que a Secom, referindo a forma *presidente*. Então, em havendo duas formas, um nome comum de dois gêneros e uma forma específica para o feminino, a regra é a escolha do nome comum de dois gêneros. Mas a regra não foi consistentemente seguida. Em reportagem no jornal *O Globo* de 12 de novembro de 2014, dois nomes designativos de funções públicas são empregados, com duas regras diferentes: "A presidente Dilma Rousseff e a xeika Moza bint Nasser".[38] Tanto *presidente* quanto *xeique* são nomes abonados por instrumentos normativos, inclusive o Volp. Mas a forma feminina, *xeica*, não o é, enquanto *presidenta*, sim. Por que para Dilma Rousseff a regra aplicada foi a de nome comum de dois gêneros, com gênero no determinante, enquanto para Moza bint Nasser a regra aplicada foi a de nome biforme (*xeique-xeica*)? A língua portuguesa não é sexista, mas a escolha por uma das regras reflete a postura reativa de setores da sociedade que não aceitaram o fato de o país estar sob o governo de uma mulher, o que culminou no golpe em 2016.

Poderia ser um sexismo da sociedade brasileira, mas não é só. Em 2007, a senadora Cristina Fernández de Kirchner assumiu a presidência da República da Argentina, sendo reeleita em 2011 (foi contemporânea de Dilma Rousseff no momento em que a América do Sul tinha duas mulheres na posição mais alta de poder das suas nações) e encerrou seu mandato em 9 de dezembro de 2015. Entre 2019 e 2023, esteve na vice-presidência do país. Antes disso, Cristina Kirchner havia sido deputada e senadora. Do mesmo modo que Dilma Rousseff, Cristina Kirchner escolheu a forma *presidenta*. Do mesmo modo que no Brasil, a decisão dela não só não foi respeitada como foi escrutinada e desqualificada. Ao presidir a primeira sessão do senado, como vice-presidenta, em 2019, um dos senadores, José Mayans, chamou-a de *presidente* e foi corrigido por ela. "Presidenta, desculpe, senador. Presidenta." O mesmo senador, na mesma seção, a chamou de *presidente* várias vezes e a vice-presidenta o lembrou, com ênfase na última sílaba o feminino: "Presidenta, Mayans, presidenta. Ta, ta".[39]

Cristina Kirchner pediu várias vezes para ser chamada de *presidenta* quando estava à frente do Poder Executivo, na forma feminina. Em 2020, a Real Academia Espanhola (RAE), uma instância muito mais impositiva do que a Academia Brasileira de Letras brasileira no seu papel de "guardiã da língua", se posicionou acerca da questão no Twitter (sinal dos tempos?): "#RAEconsultas En referencia a una mujer, la opción más adecuada hoy es usar la forma 'presidenta', femenino documentado en español desde el s. XV y presente en el diccionario académico desde 1803".[40]

Mas, apesar do posicionamento da RAE chancelar a regra da flexão de gênero do designativo da função pública, o entendimento da regra de nome comum de dois gêneros, a despeito da vontade da pessoa que ocupa a posição, continuou sendo imposto na sociedade argentina. À frente do Comitê de Legislação Geral da Câmara dos Deputados estava Cecilia Moreau, que, como Cristina Kirchner, pediu para ser tratada por *presidenta*. O deputado Martín Tetaz, ao tomar seu turno, assim se expressou: "Muchas gracias, señora presidente. Presidente, porque preside el ente, sino sería una enta y eso no existe. Así que, gracias señora presidente porque preside un ente señorita". Ao ser corrigido, reforçou sua posição: "Si usted no domina el idioma castellano... Preside el ente, por eso se llama presidente. No existe la enta".[41]

O que explica este comportamento senão o sexismo da sociedade? Curiosamente, a Argentina é, no mundo, o primeiro país republicano com sistema presidencialista em que uma mulher chegou à posição de chefe de Estado e de governo. Em 1974, após a morte do presidente (e seu marido) Juan Domingo Perón, María Estela Martínez Cartas de Perón assumiu a presidência da república. À época, o jornal *La Nación* noticiou que, na opinião da Academia Colombiana de Línguas, "a expressão correta" seria *presidenta*: "Como es femenino debe ser presidenta. Como no se había pensado que una mujer podría ocupar la presidencia de la República, el texto legal dice presidente, siempre masculino. Pero la lógica y la forma correcta indican que debe decirse presidenta".[42]

Cristina Kirchner e María Estela Perón têm em comum o fato de terem sido casadas com presidentes. O marido de Cristina Kirchner, Néstor Kirchner, falecido em 2010, foi presidente da Argentina entre 2003 e 2007, período em que ela ocupou a função de primeira-dama. María Estela Perón, esposa de Juan Domingo Perón, era simultaneamente vice-presidenta e primeira-dama. Cristina Kirchner assumiu a presidência viúva, Dilma Rousseff, divorciada. Não houve, em nenhuma das situações, a oportunidade de discussão sobre qual seria o rótulo atribuído ao cônjuge dessas mulheres na mais alta posição de estado.

A função de primeira-dama não é oficial, é um designativo atribuído a cônjuge do presidente. Nas oportunidades em que mulheres ocuparam a presidência, não havia cônjuge, logo não havia necessidade de se pensar em designativo. Mas, após o resultado da eleição de 2022 para governos estaduais, apareceu uma forma não abonada no Volp para fazer referência ao cônjuge de um governador: primeiro-cavalheiro, rótulo atribuído ao companheiro do governador do Rio Grande do Sul, Eduardo Leite, que se assume: "Eu sou gay. Sou um governador gay, não sou um gay governador".[43] Aqui há uma interseccionalidade muito bem resumida nesta fala da atriz Fafy Siqueira: "Nunca tive problemas por ser uma mulher gay, agora sabe quantos problemas eu tive por ser mulher? Muitos".[44] Como evidenciado antes, existe hierarquia de gênero mesmo na homocisnormatividade; o masculino se sobrepõe ao feminino.

À mesma época que Cristina Kirchner era presidenta da Argentina, Pilar del Río era presidenta da Fundação José Saramago, em Portugal. Em 2008, em uma entrevista ao jornalista João Céu e Silva, ela interrompeu a apresentação. Começou o jornalista "Há um ano que é presidente da Fundação José Saramago...".

> Pilar del Rio: Presidenta!
> João Céu e Silva: Presidenta.
> Pilar del Rio: Só os ignorantes é que me chamam presidente. A palavra não existia porque não havia a função, agora que existe a função há a

palavra que denomina a função. As línguas estão aí para mostrar a realidade e não para a esconder de acordo com a ideologia dominante, como aconteceu até agora. Presidenta, porque sou mulher e sou presidenta.
João Céu e Silva: Mas a palavra não existe!
Pilar del Rio: Por que é que entre uma mulher e um animal tem primazia o género do animal? Por que dizem "Vêm os dois" se é uma mulher e um cão quem vem? Em vez de dizerem que não se pode dizer presidenta, mas ministra sim, solucionem essa injustiça e canalhice. Que os doutos académicos resolvam um conflito que tem séculos porque não têm sensibilidade para apreciar a questão ou nem se aperceberam. Por isso, justificam com leis gramaticais ou simplesmente silenciam e riem-se das pretensões da mulher porque se acham superiores. Em quê?[45]

A dificuldade da sociedade é aceitar a forma *presidenta* ou aceitar que é uma mulher em espaço de poder? Se a forma existe, circula há pelo menos 50 anos no universo hispânico, é registrada em instrumentos normativos, como Volp e REA, atribuir o sexismo da linguagem à estrutura da língua não parece fazer sentido.

A insistência em negar a existência da palavra tem como contraparte a imposição do masculino como naturalizado. Porque dada palavra só ocorre como masculino leva a uma representação de que o masculino é o gênero natural. Ou, no caso de *presidenta*, a forma consagrada pelo uso é a natural. Mas, como explica Pilar del Río, "A palavra não existia porque não havia a função, agora que existe a função há a palavra que denomina a função". O uso de uma palavra ser pouco generalizado é reflexo da baixa representatividade feminina. Do ponto de vista cognitivo, a falta de exemplares frequentes leva à ausência de protótipos do gênero ou a generalizações de gênero por associação de frequência. Um exame da tradição gramatical pode trazer pistas de representatividade de gênero inferidas pela codificação da regra.

Notas

[1] MONEY, John. Gender role, gender identity, core gender identity: Usage and definition of terms. *Journal of the American Academy of Psychoanalysis*, v. 1, n. 4, p. 397-402, 1973.

[2] STOLLER, Robert J. A contribution to the study of gender identity. *The International Journal of Psychoanalysis*, n. 45, v. 2-3, p. 220-226, 1964.

[3] *On the basis of sex*. Direção: Mimi Leder. Produção: Robert W. Cort. Estados Unidos: Focus Features, 2018. (120 min).

4 BEAR BERGMAN, S.; BARKER, Meg-John. Non-binary activism. In: RICHARDS, Cristina; BOUMAN, Walter Pierre; BARKER, M. *Genderqueer and non-binary genders*. London: Palgrave Macmillan, 2017.

5 DINOUR, Lauren M. Speaking out on "breastfeeding" terminology: Recommendations for gender-inclusive language in research and reporting. *Breastfeeding Medicine*, v. 14, n. 8, p. 523-532, 2019.

6 GRIBBLE, Karleen D. et al. Effective communication about pregnancy, birth, lactation, breastfeeding and newborn care: the importance of sexed language. *Frontiers in Global Women's Health*, v. 3, p. 3, 2022.

7 BRASIL. Presidência da República. *Lei n° 13.642*, de 3 de abril de 2018. Altera a Lei nº 10.446, de 8 de maio de 2002, para acrescentar atribuição à Polícia Federal no que concerne à investigação de crimes praticados por meio da rede mundial de computadores que difundam conteúdo misógino, definidos como aqueles que propagam o ódio ou a aversão às mulheres. Brasília, DF: Palácio do Planalto, 2018. Disponível em: http://www.planalto.gov.br/ccivil_03/_ato2015-2018/2018/lei/L13642.htm. Acesso em: 15 jan. 2024.

8 Disponível em: https://g1.globo.com/educacao/noticia/2023/03/18/pessoas-que-menstruam-x-mulheres-que-menstruam-entenda-polemica-que-levou-ex-bbb-a-ser-denunciada-por-transfobia-na-ufmg.ghtml. Acesso em: 25 fev. 2024.

9 Disponível em: https://www1.folha.uol.com.br/colunas/djamila-ribeiro/2022/12/nos-mulheres-nao-somos-apenas-pessoas-que-menstruam.shtml. Acesso em: 25 fev. 2024.

10 LAKOFF, Robin. Language and woman's place. *Language in society*, v. 2, n. 1, p. 45-79, 1973.

11 Assim como tantas outras opiniões, que foram tomadas como pressuposto. Outra opinião famosa, tomada por pressuposto até mesmo nos dias atuais, é a de Trudgill (1972) sobre prestígio aberto e encoberto e posição social de homens e mulheres, que tratei detalhadamente em *(Re)discutindo sexo/gênero na sociolinguística* (2015).

12 ZIMMERMANN, Don H.; WEST, Candace. Sex roles, interruptions and silences in conversation (1975). In: *Amsterdam Studies in the Theory and History of Linguistic Science Series*. John Benjamins, 1996, p. 211-236.

13 FISHMAN, Pamela M. Interaction: The work women do. In: NIELSEN, Joyce McCarl (Ed.). *Feminist research methods:* Exemplary readings in the social sciences. Routledge, 2019, p. 224-237.

14 *Tag questions* podem ser entendidos como marcadores discursivos interacionais como *certo?*, *não é?*, *entendeu?*, etc., como apresentam Freitag (2007), Rost-Snichelotto (2008), entre outras.

15 Os textos de Robin Lakoff, Pamela Fishman, Candance West, Deborah Tannen, entre outros, foram traduzidos para o português em uma coletânea organizada por Ana Cristina Ostermann e Beatriz Fontana, (*Linguagem, gênero, sexualidade: clássicos traduzidos*. São Paulo: Parábola, 2010).

16 WEST, Jackie. Gender and the labour process: A reassessment. In: KNIGHTS, David; WILLMOTT, Hugh (Ed.). *Labour process theory*. London: Palgrave Macmillan, 1990, p. 244-273.

17 BARROZO, Thais Aranda; AGUILERA, Vanderci. Sexo e linguagem: uma análise a partir das sabatinas dos ministros do Supremo Tribunal Federal Joaquim Barbosa e Rosa Weber. *Revista da ABRALIN*, v. 13, n. 1, p. 13-38, 2014.

18 HOLMES, Janet. Functions of you know in women's and men's speech. *Language in society*, v. 15, n. 1, p. 1-21, 1986.

19 FREITAG, Raquel Meister Ko; SANTANA, Rebeca Rodrigues. Assalto ao turno em interações assimétricas de sexo/gênero: disputa e cooperação. *Cadernos de Linguagem e Sociedade*, v. 20, n. 1, p. 53-70, 2019.

20 COATES, Jennifer. The construction of a collaborative floor in women's friendly talk. *Typological studies in language*, v. 34, p. 55-90, 1997.

21 JONES, Deborah. Gossip: Notes on women's oral culture. *Women's studies international quarterly*, v. 3, n. 2-3, p. 193-198, 1980.

22 O'BARR, William; ATKINS, Bowman K. "Women's language" or "powerless language"?. In: MAYOR, Barbara; PUGH, Anthony Kendrick (Ed.). *Language, communication and education*. Routledge, 2005, p. 202-216.

23 FREITAG, Raquel Meister Ko. (Re)discutindo sexo/gênero na sociolinguística. In: FREITAG, Raquel Meister Ko; SEVERO, Cristine Gorski (Ed.). *Mulheres, linguagem e poder*: estudos de gênero na sociolinguística brasileira. São Paulo: Blucher, 2015, p. 17-74.

24 ECKERT, Penelope. The whole woman: Sex and gender differences in variation. *Language variation and change*, v. 1, n. 3, p. 245-267, 1989.

25 LABOV, William. The intersection of sex and social class in the course of linguistic change. *Language variation and change*, v. 2, n. 2, p. 205-254, 1990.

26 LABOV, William. *Principles of linguistic change: social factors*. Oxford: Oxford Press, 2001.

[27] LABOV, 2001, op. cit.

[28] BRASIL. Presidência da República. Lei n° 2.749, de 2 de abril de 1956. Dá norma ao gênero dos nomes designativos das funções públicas. Rio de Janeiro: Palácio do Catete, 1956. Disponível em: https://www2.camara.leg.br/legin/fed/lei/1950-1959/lei-2749-2-abril-1956-355226-publicacaooriginal-1-pl.html. Acesso em: 15 jan. 2024.

[29] BECHARA, Evanildo (coord.). *Vocabulário Ortográfico da Língua Portuguesa*. 6. ed. [adaptada ao VOC]. Rio de Janeiro: Academia Brasileira de Letras, 2017.

[30] Disponível em: https://www.correiobraziliense.com.br/app/noticia/politica/2011/03/01/internapolitica,240378/ser-presidente-e-como-escalar-o-everest-todos-os-dias-diz-dilma-na-tv.shtml. Acesso em: 25 fev. 2024.

[31] Disponível em: https://www.sacodefilo.com/2010/11/presidente-ou-presidenta-dilma-sera-o.html. Acesso em: 25 fev. 2024 [Destaques do original].

[32] BRASIL. Casa Civil. *Lei n° 1.2605*, de 3 de abril de 2012. Determina o emprego obrigatório da flexão de gênero para nomear profissão ou grau em diplomas. Brasília, DF: Palácio do Planalto, 2012a. Disponível em: http://www.planalto.gov.br/ccivil_03/_ato2011-2014/2012/lei/l12605.htm. Acesso em: 15 jan. 2024.

[33] BRASIL. Senado Federal. *Projeto de Lei n° 12*, de 16 de fevereiro de 2005. Determina o emprego obrigatório da flexão de gênero para nomear profissão ou grau em diplomas. Brasília, DF, 2005. Disponível em: https://www25.senado.leg.br/web/atividade/materias/-/materia/72413. Acesso em: 15 jan. 2024.

[34] BRASIL. Câmara dos Deputados. *Projeto de Lei n° 6.383*, de 11 de novembro de 2009. Determina o emprego obrigatório da flexão de gênero para nomear profissão ou grau em diplomas. Brasília, DF, 2009a. Disponível em: https://www.camara.leg.br/proposicoesWeb/fichadetramitacao?idProposicao=458933. Acesso em: 15 jan. 2024.

[35] Disponível em: https://g1.globo.com/politica/noticia/2016/08/carmen-lucia-pede-para-ser-chamada-de-presidente-em-vez-de-presidenta.html. Acesso em: 25 fev. 2024.

[36] BRASIL. Congresso Nacional. Senado Federal. Impeachment: o julgamento da Presidente Dilma Rousseff pelo Senado Federal. Brasília, DF: 2016a. Disponível em: https://www2.senado.leg.br/bdsf/handle/id/524566. Acesso em: 15 jan. 2024.

[37] BRASIL, Senado Federal. *Manual de Comunicação*. Brasília, DF: 2012b. Disponível em: https://www12.senado.leg.br/manualdecomunicacao/estilos/presidente-presidenta. Acesso em: 25 fev. 2024 [Destaques do original].

[38] Disponível em: https://oglobo.globo.com/politica/dilma-xeica-do-qatar-discutem-parcerias-em-educacao-cultura-14540069. Acesso em: 25 fev. 2024.

[39] Disponível em: https://www.lapoliticaonline.com/nota/123688-cristina-reto-a-mayans-porque-le-dijo-presidente-es-presidenta-ta-ta/. Acesso em: 25 fev. 2024.

[40] Disponível em: https://twitter.com/RAEinforma/status/1242541765300826112?s=20. Acesso em: 25 fev. 2024.

[41] Disponível em: https://www.pagina12.com.ar/421275-martin-tetaz-quiso-dar-una-clase-de-gramatica-y-su-inconscie. Acesso em: 25 fev. 2024.

[42] Disponível em: https://www.pagina12.com.ar/243240-es-presidenta-cristina-la-rae-le-dio-la-razon. A notícia apresenta um fac-símile do jornal *La Nación*, de 4 de julho de 1974, em que a discussão sobre o termo é apresentada.

[43] Disponível em: https://g1.globo.com/rs/rio-grande-do-sul/eleicoes/2022/noticia/2022/11/04/primeiro-cavalheiro-entenda-o-termo-atribuido-ao-namorado-de-eduardo-leite-reeleito-governador-do-rs.ghtml. Acesso em: 25 fev. 2024.

[44] Disponível em: https://noticiasdatv.uol.com.br/noticia/celebridades/nunca-tive-problema-por-ser-gay-mas-por-ser-mulher-tive-muitos-diz-fafy-siqueira-104874 Acesso em: 25 fev. 2024.

[45] Texto da reportagem disponível em: https://www.dn.pt/arquivo/2008/presidenta-porque-sou-mulher-994586.html. Neste vídeo, Pilar Del Río explica ao jornalista. Disponível em https://youtu.be/G7W6ainaOhs. Acesso em: 25 fev. 2024.

GÊNERO NA TRADIÇÃO GRAMATICAL

Nomear e organizar são constitutivos da essência humana, um processo cognitivo que simplifica a realidade agregando grupos com determinadas características comuns, que são percebidos e convencionalizados como iguais. O processo de categorização é basilar em diferentes abordagens da cognição humana, seja pela linguagem, seja pela cognição social.

A categorização é, então, o processo por meio do qual se agrupam entidades semelhantes (objetos, pessoas, lugares etc.) em classes específicas. Na gramática das línguas, uma das maneiras que parece dar pistas de como as palavras são organizadas é a observação de seus atributos de categorização. Uma palavra tem mais de um atributo, quantos e quais, ainda não sabemos, isso tem sido objeto da descrição linguística e parece que ainda temos um longo caminho para saber quais são exatamente as características que constituem a linguagem humana. Mas sabemos que certas características são universais, ocorrem em todas as línguas, outras são específicas, só ocorrem em algumas línguas, mas sempre apresentam comportamento regular. Por exemplo, as palavras "mesa", "cadeira" e "boneca" podem ser colocadas na mesma categoria. Todas elas se referem a coisas, por isso, podemos dizer que, em termos de categorização, são [- animadas]. Todas elas podem ser contadas, então são [+ contáveis]. Independentemente da língua, "mesa", "cadeira" e "boneca" serão palavras de um conjunto com os atributos [+ contável] e [- animado]. Em português brasileiro de hoje, essas palavras são do gênero gramatical feminino.

Em várias línguas (mas não em todas), uma maneira de agrupar as palavras é por seu gênero gramatical. Os substantivos no português brasileiro têm gênero gramatical. Essa é uma característica gramatical herdada do latim. Do latim ao português brasileiro contemporâneo, mudanças aconteceram, e um modo de acompanhar o percurso das mudanças é a conceptualização de regras que estão codificadas nas gramáticas. Além das primeiras gramáticas, de João de Barros e de Soares Barbosa, me detive nas "obras contemporâneas nomeadas como 'gramáticas' da língua portuguesa".[1] O ponto de inflexão é a descrição do português de Joaquim Mattoso Câmara Jr., que, de maneira direta ou indireta, tem uma contribuição expressiva no modo como gênero gramatical é abordado.[2] O percurso segue a viagem proposta por Fernando Tarallo, e com um bilhete gratuito de ingresso ao túnel do tempo e picaretas em punho, vamos cavar![3]

GÊNERO NO LATIM: APELATIVOS E COISAS

O gênero gramatical já era um traço codificado na gramática latina, sendo dividido em três: masculino, feminino e neutro. Assim como número, gênero era um traço gramatical obrigatório para a organização do sistema de declinações das palavras.

Declinações são flexões que expressam a função sintática de uma palavra de base nominal. O latim era uma língua de ordem livre, em que a função sintática de cada palavra era identificada por meio de uma morfologia específica, a declinação, usada para expressar o caso sintático. Isso permitia identificar se a palavra (ou o conjunto de palavras, sintagma) era sujeito (nominativo), objeto direto (acusativo), adjunto nominal (genitivo), objeto indireto (dativo) ou informação circunstancial (ablativo). O Quadro 1 apresenta as declinações do latim culto, canônicas.

Gênero na tradição gramatical 51

Quadro 1 – Paradigmas de flexão dos nomes latinos (masculino, feminino e neutro)[4]

1ª Declinação (predominantemente feminina)

| | nauta, nautae | | aqua, aquae | |
	Singular	Plural	Singular	Plural
Nominativo	naut*a*	naut*ae*	aqu*a*	aqu*ae*
Genitivo	naut*ae*	naut*ārum*	aqu*ae*	aqu*ārum*
Dativo	naut*ae*	naut*is*	aqu*ae*	aqu*is*
Acusativo	naut*am*	naut*ās*	aqu*am*	aqu*ās*
Ablativo	naut*ā*	naut*is*	aqu*ā*	aqu*is*
Vocativo	naut*a*	naut*ae*	aqu*a*	aqu*ae*

2ª Declinação (predominantemente masculina)

| | lupus, lupī | | quercus, querquī | | verbum, verbi | |
	Singular	Plural	Singular	Plural	Singular	Plural
Nominativo	lup*us*	lup*ī*	querc*us*	querc*ī*	verbum	verbum
Genitivo	lup*ī*	lup*ōrum*	querc*ī*	querc*ōrum*	verbi	verbi
Dativo	lup*ō*	lup*īs*	querc*ō*	querc*īs*	verbo	verbo
Acusativo	lup*um*	lup*ōs*	querc*um*	querc*ōs*	verbum	verbum
Ablativo	lup*ō*	lup*īs*	querc*ō*	querc*īs*	verbo	verbo
Vocativo	lup*e*	lup*ī*	querc*e*	querc*ī*	verbum	verbum

3ª Declinação

| | labor, laboris | | lex, legis | | mare, maris | |
	Singular	Plural	Singular	Plural	Singular	Plural
Nominativo	labor	labor*es*	lex	leg*es*	mare	mar*ĭa*
Genitivo	labor*is*	labor*um*	leg*is*	leg*um*	maris	mar*ĭum*
Dativo	labor*i*	labor*ibus*	leg*i*	leg*ĭbus*	mar*i*	mar*ĭbus*
Acusativo	labor*em*	labor*es*	leg*em*	leg*es*	mare	mar*ĭa*
Ablativo	labor	labor*es*	leg*e*	leg*ĭbus*	mari	mar*ĭbus*
Vocativo	labor	labor*es*	lex	leg*es*	mare	mar*ĭa*

4ª Declinação (predominantemente masculina)

| | fructŭs, fructŭs | | manus, manus | | cornū, cornūs | |
	Singular	Plural	Singular	Plural	Singular	Plural
Nominativo	fruct*ŭs*	fruct*us*	man*us*	man*ūs*	cornū	cornūa
Genitivo	fruct*ŭs*	fruct*ŭum*	man*ūs*	man*uum*	cornūs	cornūum
Dativo	fruct*ŭi*	fruct*ĭbus*	man*ūi*	man*ibus*	cornū	cornibus
Acusativo	fruct*um*	fruct*us*	man*um*	man*ūs*	cornū	cornua
Ablativo	fruct*u*	fruct*ĭbus*	man*ū*	man*ibus*	cornū	cornibus
Vocativo	fruct*ŭs*	fruct*us*	man*us*	man*ūs*	cornū	cornūa

5ª Declinação (predominantemente feminina)

	die, diēī		res, rei	
	Singular	Plural	Singular	Plural
Nominativo	di*ēs*	di*ēs*	re̲s	re̲s
Genitivo	di*ēī*	di*ērum*	re̲i	re̲rum
Dativo	di*ēī*	di*ēbu*s	re̲i	rebus
Acusativo	di*em*	di*ēs*	re̲m	re̲s
Ablativo	d*iē*	di*ēbu*s	re̲	rebus
Vocativo	di*ēs*	di*ēs*	re̲s	re̲s

Na primeira declinação, basicamente só ocorriam nomes femininos (algumas exceções no masculino, como *nauta* e *agricola*, atividades essencialmente desempenhadas por homens); na segunda declinação, nomes masculinos e neutros; nas terceira e quarta declinações, há palavras de todos os três gêneros, enquanto na quinta, palavras femininas e masculinas. Para nomes em referência a pessoas, nomes apelativos, a distinção de gênero se concentrava na oposição entre a primeira e a segunda declinações: *serva̲, serva̲e* (feminino) e *servus, servi* (masculino), *domĭna̲, domĭna̲e* (feminino) e *domĭnus, domĭni* (masculino*), magistra̲, magistra̲e* (feminino) e *magister, magistri* (masculino). Para designar nomes de coisas, gênero neutro.

Assim, a oposição entre "A menina romana alegre brinca no pátio" e "O menino romano alegre brinca no pátio" se dá na seleção da morfologia de nominativo na primeira declinação para expressar o sintagma no feminino, *Puella̲ Romana̲ laeta̲ in atrio ludet*, e a morfologia de segunda declinação para expressar o sintagma no masculino, *Puer Romanus laetus in atrio ludet*. Os adjetivos são flexionados na mesma declinação do núcleo nominal do sintagma.

Por ser uma língua de ordem flexível, já que é a desinência que marca a função sintática, outras ordens são possíveis sem que se perca o empacotamento sintático do sintagma, como em *In atrio laeta̲ ludet puella̲ Romana̲*. As desinências e, por tabela, suas flexões de número e gênero funcionam como um mecanismo de coesão.

Alega-se que no indo-europeu teria havido uma base de gênero natural, um momento em que a língua teria sido mais icônica, em que o gênero natural codificaria seres animados, divididos em gênero masculino e feminino, e inanimados corresponderiam ao gênero neutro.[5] Se é que houve essa origem icônica, o latim apresentava variâncias e não sustentava essa regra de gênero natural das palavras, como podemos ver no quadro de declinações. Na primeira declinação, água (*aqua, aquae*) é uma palavra feminina, enquanto na terceira declinação, mar (*mare, maris*) é neutra. Não parece haver uma sistematicidade na atribuição de gênero natural às palavras latinas: três palavras, uma de cada gênero, *amnis* (feminina), *fluuis* (masculina) e *flumen* (neutra) se referem a um curso de água mais ou menos caudaloso.[6] As variâncias eram muitas e decorriam de um conhecimento que não necessariamente seguia a lógica do natural: "A consciência do gênero provinha de forma externa, o que explica, de certo modo, a vacilação frequente do povo romano neste ponto".[7]

Na verdade, o latim não era tão comportado assim: as cinco declinações do latim culto, no latim vulgar se resumiam a três, com várias sobreposições, como podemos observar no quadro anterior, o que levou a uma fusão entre a primeira e a quinta declinações, em que predominavam nomes femininos, e entre a segunda e a quarta, em que predominavam nomes masculinos. Os nomes neutros foram absorvidos pelo masculino: somente as segunda, terceiras e quartas declinações tinham neutro, todas predominantemente masculinas. As desinências do neutro no acusativo e no nominativo eram iguais. Além disso, o enfraquecimento das codas, /-m/ e /-s/, acaba por neutralizar o masculino e o neutro: "Não se pôde mais fazer distinção entre os neutros *templu(m)* e *cornu* e os masculinos *hortu(s)* e *cantu(s)*, uma vez que a única nota diferencial havia desaparecido".[8]

Das línguas românicas, apenas o romeno conservou a forma neutra para a expressão de gênero e que em nada tem a ver com o neutro latino: neutro é o rótulo aplicado ao conjunto de palavras que assumem masculino singular e feminino plural.[9] Português, espanhol, francês, italiano, catalão e galego codificam o gênero em um sistema binário, masculino ou feminino.

Assim, a alegada base da categorização de gênero natural não se sustenta no latim, e os processos de variação e mudança na expressão de gênero já se evidenciam sistematicamente desde então. A classificação em gênero passa às línguas românicas. Vejamos como as gramáticas do português explicam essa categorização.

GÊNERO NO PORTUGUÊS

As gramáticas do português explicam gênero de diferentes maneiras, que podem ser arranjadas em três direções de explicações: gênero no determinante, predição de gênero pela morfologia e o gênero marcado.

As primeiras gramáticas: gênero no artigo

Nas primeiras gramáticas do português, a classificação das palavras quanto ao gênero é um item obrigatório. Assumido como gênero natural, Fernão de Oliveira, em 1536, reconhece palavras de gênero indeterminado, mas não neutro. Assim como no latim, nomes adjetivos e denotativos não têm gênero por si. São os artigos que sempre, ou quase sempre, acompanham os nomes que declaram o gênero desses nomes.[10]

Na gramática de João de Barros, de 1540, são apresentadas suscintamente as regras do gênero:

> Todo nome que por sexo é conhecido, por ele será macho ou fêmea, como homem e mulher.
> Todo nome comum a homem e mulher será comum aos dois.
> Nomes de letras do abc serão neutros, assim como nomes derivados do infinitivo: o querer, o amar, o ler.[11]

Mas, se não funcionarem essas regras, aplica-se a seguinte: "Nomes que não se conhece a significação e não entra em alguma destas regras, se aceitar o artigo o, é masculino, se aceitar o a, será feminino".[12]

Com a simplificação dos paradigmas morfológicos decorrente das sobreposições das declinações latinas, mas com a continuidade de gênero como requisito de organização das palavras da língua, recai ao artigo o papel de categorizar o gênero das palavras, em especial aos nomes de coisas, já que os apelativos ainda carregam uma explicação baseada em gênero relacionado ao sexo, como bem ilustra João de Barros.

O artigo é uma categoria gramatical que emerge na romanização. Não havia artigo no latim clássico e aparece tardiamente no latim vulgar. Não é objetivo aqui discutir a emergência do artigo nas línguas românicas, mas seus efeitos na codificação do gênero. Uma tradução literal para o português das frases usadas na seção anterior, *Puellae Romana laeta in atrio ludunt* é *Menina romana alegre brinca no pátio*. Parece muito com manchetes jornalísticas dos dias atuais, em que não há artigo. Para uma manchete jornalística, é interessante a generalização, a não especificação da menina, mas, para uma situação interacional, de língua em uso, falta a informação sobre a menina. Uma frase como *Equus in stabulo quiescit* poderia ser traduzida como *Cavalo descansa no estábulo*, e levar a duas leituras: um cavalo específico está descansando no estábulo, ou que qualquer animal da espécie cavalo (cavalo e égua) descansa no estábulo, e não em outro lugar. Para desfazer essas ambiguidades, em português contemporâneo, usamos artigos.

Fernando Tarallo explica que, no latim, a ausência da marca formal direcionava à leitura definida; caso o significado pretendido fosse o indefinido, pronomes demonstrativos faziam essa função. No português brasileiro contemporâneo, o funcionamento é ao contrário, a ausência de marca leva a uma leitura indefinida ou genérica. "A função existia no latim clássico sem ser formalmente marcada: as línguas românicas implementaram assim uma nova forma para retomar uma antiga função".[13]

Nas línguas românicas, os artigos definidos decorrem do pronome demonstrativo latino *ĭllu, ĭlla*. No português, *ĭllu > elo > lo > o, ĭllos > elos > los > os*, masculino singular e plural, e *ĭlla > ela > la > a, ĭllas > elas > las > as*, feminino singular e plural. E os artigos indefinidos são decorrentes do numeral, *unus*. No português, *unu > ũu > um, unos > ũos > ũus > uns*, masculino, singular e plural, *uma > ũa > uma, unas > ũas > umas*, feminino, singular e plural.

O artigo expressa informação semântico-pragmática, decorrente da sua natureza dêitica, com um comportamento, no português, proclítico, ou seja, sempre antecedendo elemento nominal. No bojo da informação semântico-pragmática, dado que a informação sobre gênero é decorrente de fonte externa, e o artigo passa também a codificá-la: se aceita o artigo *o*, a palavra é masculina; se aceita o artigo *a*, a palavra é feminina. O que quer que seja aceitar, neste caso, está relacionado a um conjunto de experiências prévias e conhecimento compartilhado que faz determinada palavra ser reconhecida por seu uso no gênero masculino ou no gênero feminino. Recai ao conhecimento de quem fala a língua a tarefa de classificar o gênero. E se as regras descritas forem para quem não conhece a língua, num compêndio gramatical? De onde depreender as informações de gênero?

A abordagem filosófica: uma morfologia de gênero

Uma outra vertente da tradição gramatical do português considera o gênero por outra perspectiva, como a apresentada por Soares Barbosa, em 1822. Ele também classifica gênero a partir de uma classe natural, a de seres sexuados, macho e fêmea. Para seres não sexuados, o gênero apropriado seria o neutro. No entanto, reconhece que

> Porém o uso das línguas, sempre arbitrário ainda quando procura ser consequente, vendo que a natureza lhe tinha prescrito a regra dos sexos na classe dos animais, quis seguir também a mesma nos nomes das coisas que os não podem ter, fazendo por imitação uns masculinos e outros femininos, e por capricho outros nem masculinos nem femininos, nem neutros.[14]

Na sua tarefa por buscar uma regra lógica para explicar os caprichos da língua, Soares Barbosa refuta a regra do artigo: "para conhecer os gêneros dos nomes pelos dos artigos e adjetivos que se lhes ajuntam, é uma regra ilusória, que só pôde servir a quem ouve o a quem lá para sabor de que gênero é o nome, mas não a quem fala e a quem escreve".[15]

Soares Barbosa argumenta que o gênero é traço do substantivo, e não de outro elemento:

> Se o artigo, que precede sempre o nome substantivo, e se o adjetivo que ordinariamente o segue, tomam, segundo o seu gênero, ou a forma masculina ou feminina, o digo por ex.: o homem sábio, a mulher virtuosa, o artigo e os adjetivos tomam estas formas genéricas, porque supõem já estabelecidos pelo uso da Língua os gêneros d'estes dois nomes, homem e mulher, os quais, se alguém os ignorasse, mal poderia fazer a concordância.[16]

Essa proposta distingue os tipos de gênero, o gênero natural, ou da significação, e o gênero arbitrário, ou da terminação, aquele que ele adverte ser mais apropriadamente chamado de neutro. No entanto, sendo um traço de classificação, e binário, Soares Barbosa empreende uma busca por regras que permitam agrupar e predizer o gênero de uma palavra pela terminação, num minucioso quebra-cabeça com três regras: nomes que terminam com -a serem femininos e nomes que terminam com -o serem masculinos, e as exceções.

Não convém detalhar cada regra para explicar as exceções, basta dizer que o próprio gramático assim as resume: "De 43 terminações que os nossos nomes tem, 28 ficam fixadas para por elas podermos dizer, ao certo, se um nome é masculino ou feminino. O que se consegue por meio das duas primeiras regras, ficando assim só 13 duvidosas, quais são as da III regra".[17]

Em suma, a premissa norteadora do gênero assumida por Soares Barbosa é de que gênero é propriedade do substantivo, e é possível sistematizar os gêneros dos substantivos pela classificação das terminações, embora nem sempre seja possível, o que ele mesmo reconhece.

Também na perspectiva de uma organização baseada em morfologia, Manuel Said Ali apresenta um percurso histórico para a flutuação dos gêneros. Nos nomes apelativos que designam seres humanos, a regra geral proposta é: "Basta em geral alterar a terminação, sendo característica do feminino a vogal *-a*".[18] Seriam poucas as palavras que não se encaixariam nessa regra:

> Nomes em -e não compreendidos nesta categoria resistem em geral à mudança, tornando-se comuns de dois, como amante, estudante, herege, agente, cliente, protestante; viajante. Usam-se porém com a característica -a: freira; feminino de freire ou frade, parenta, mestra, monja, hospeda e infanta.
> Tornou-se o falar hodierno, neste ponto, mais sóbrio que a linguagem quinhentista e seiscentista, onde se encontram: Casado com hua nayra christãa (Castanh. 2, 28) – Duas cafras (ib. 2, 6 o passim) – Esta giganta era rica (Barros, Clar. 161 e passim) – Huma comedianta (Vieira, Cart. 2, 180) – Gracejando com as Farsandas (Bern., N. Flor. 2, 311) – Huma comedianta (ib. 5, 218).[19]

A variabilidade na expressão do gênero, à época de João de Barros e Fernão de Oliveira, ou a aplicação de uma regra geral, gerou formas como *comedianta* e *farsanta*, que foram abandonadas (mas que explicam a legitimidade de *presidenta* desde aquela época), talvez porque poucas mulheres persistissem nas artes. Ainda no século XVII, o teatro era predominantemente dominado por homens: os papéis femininos escritos por Shakespeare, por exemplo, eram interpretados por jovens adolescentes homens, entre 10 e 13 anos.[20] Nas óperas, os papéis femininos eram desempenhados por *castrati*, meninos mutilados sexualmente para que suas vozes não alcançassem tons graves com a chegada da adolescência. Havia pouco espaço para mulheres e, por tabela, para a emergência do feminino. Não foi o que aconteceu com *infanta*, título de nobreza concedidos às filhas da realeza que não seriam herdeiras da coroa, no que Portugal foi muito produtivo, e que, por tabela, passou à língua:

> Não estariam, entretanto, grandemente convencidos os quinhentistas da correção desta linguagem se já hesitavam entre *a infante* e *a infanta*, como facilmente se vê na Chronica de D. Manoel por Damião de Goes. A forma *infanta* tornou-se, contudo, a preferida por Vieira e outros, e prevaleceu.[21]

O exemplo da história da língua apresentado por Said Ali em sua gramática é uma evidência de o quanto a representatividade de gênero na sociedade é importante para a representatividade de gênero na língua: a forma *infanta* é resultado de um papel social que mulheres desempenharam na monarquia; o mesmo não aconteceu com *farsanta* e *comedianta* no teatro. As regras entram na gramática da língua quando são utilizadas, e, para isso, é preciso ter representatividade na sociedade.

Já para o nome de coisas, a regra proposta por Said Ali é: "masculinos são todos os nomes de cousas terminados em -o átono, e femininos os que terminam em -a átono".[22] E, assim como faz Soares Barbosa, apresenta a lista das exceções.

Mas o ponto mais interessante é que Said Ali a todo momento lida com a flutuação da regra, com exemplos de formas no masculino e no feminino, a mudança do gênero e o gênero duvidoso. O autor lista várias palavras que mudaram de gênero, como *cometa*, *tribo*, *mapa*, *elefante*, oscilando entre masculino e feminino nos períodos quinhentistas e seiscentistas. Só sabemos que houve mudança de gênero nessas palavras por conta do artigo: *a planeta que chamam Jupiter*, *os doze tribos de Israel*, *a mapa*. Parece que a regra de gênero pelo artigo de João de Barros e Fernão de Oliveira continua a funcionar. Outra direção de variação que Said Ali exemplifica é quanto à alternância entre duas formas para a mesma palavra, como em *espinho* e *espinha*, *baralho* e *baralha* e *copo* e *copa*.

Os esforços dos primeiros gramáticos alternam entre a busca por identificar uma regra para a predição do gênero baseada na terminação da palavra *vs.* a regra da predição do gênero pelo determinante. E, apesar de toda essa variabilidade, não parece ser um problema para falantes do português brasileiro palpitar com uma boa chance de acerto o gênero de uma palavra.

Gramáticas contemporâneas

Assim como a língua não é neutra, a codificação das regras de uma gramática também não é. Novas gramáticas codificam não só "novas" regras da língua atualizando mudanças decorrentes do decurso do tempo, mas também novos modos de ver os mesmos fatos na língua, advindos de contribuições da ciência linguística. A tradição gramatical contemporânea do português tem apresentado de maneira explícita seu alinhamento a correntes linguísticas, ou evocam-na de maneira indireta para explicar fatos. No primeiro caso, é emblemática a *Moderna gramática brasileira*, de Celso Pedro Luft, por exemplo, que já em sua capa apresenta árvores gerativo-transformacionais (uma representação sintática em que os elementos de uma frase vão se agrupando em unidades maiores, formando "galhos" de uma árvore), abordagem evocada para explicar os fatos da língua.[23] No segundo caso, conceitos que emergem em correntes teóricas específicas são aplicados em descrições linguísticas dentro dessas correntes específicas e também são incorporados ao repertório dos conceitos para as descrições dos fatos da língua, sem necessariamente evocar a corrente. É o que acontece com gênero e marcação.

GÊNERO MARCADO E NÃO MARCADO

Quando se fala e gênero marcado e não marcado, se evoca um termo polissêmico da Linguística, que é marcação (*markdness*). Esse termo é utilizado em diferentes abordagens teóricas, com diferentes conceptualizações.

Estabelecido no Círculo Linguístico de Praga (grupo de homens estudiosos da língua no início do século XX no Leste Europeu que estabeleceu bases do estruturalismo que até hoje reverberam nas correntes linguísticas contemporâneas), o conceito de marcação tem origem na fonologia, foi inicialmente caracterizado pela oposição binária [+/-], que representa presença ou ausência de um traço, passando depois a ser associado à naturalidade e à universalidade. Um som é dito "marcado" se apresenta determinado traço distintivo, por exemplo, [nasalidade] em contraponto a outro som em que o traço é barrado. Por exemplo, na fonologia gerativa, evidências históricas, de frequência de uso e de aquisição da linguagem são apresentadas para relacionar a marcação à naturalidade: o que é natural e previsível não é marcado. Nas abordagens gerativas posteriores (ainda no plano da fonologia), a marcação é estabelecida em relação aos universais linguísticos: uma propriedade não marcada é aquela que segue a tendência geral de todas as línguas; uma propriedade marcada não acompanha a tendência geral, é um universal relativo. A marcação é vista como um contínuo, em que as propriedades universais e as propriedades específicas de uma língua são relacionadas.

No modelo funcionalista proposto por Talmy Givón, o princípio da marcação fundamenta a gramática das línguas, por estar associado com a tendência comunicativa à economia e à ordem cognitiva do processamento das informações.[24] Nessa abordagem, a marcação é observada por três critérios, que definem o que é e o que não é marcado:

- complexidade estrutural: a forma marcada tende a ser mais complexa (ou maior) que a correspondente não marcada, ou seja, a estrutura não marcada tem menor número de morfemas, ou menos massa fônica, em relação à marcada;
- distribuição de frequência: a forma marcada tende a ser menos frequente e, por isso, mais saliente cognitivamente, que a correspondente não marcada;
- complexidade cognitiva: a forma marcada tende a ser cognitivamente mais complexa, em termos de esforço mental, demanda de atenção ou tempo de processamento, que a não marcada.

Embora os critérios da marcação possam sugerir uma implicação direta (por que é mais complexo cognitivamente é mais complexo estruturalmente e, por isso, menos frequente), Givón sugere que eles precisam ser considerados independentemente. Ainda, apesar da suposta independência, a complexidade cognitiva, propriedade que não pode ser verificada por meio da superfície, como a complexidade estrutural, ou por evidências quantitativas, como a distribuição de frequência, pode observada por meio do princípio meta-icônico da marcação, segundo o qual "categorias que são estruturalmente mais marcadas tendem também a ser substantivamente mais marcadas".[25] Estudos de natureza experimental têm sido desenvolvidos para poder observar efetivamente a complexidade cognitiva da marcação, ou, mais especificamente, a saliência sociocognitiva, que atua com restrições de uso às formas, ou penalidades de processamento, o que pode levar aos direcionais de mudança linguística.[26]

Apesar das diferentes perspectivas, na discussão sobre gênero a referência à marcação costuma ser equiparada à presença de marca. Na morfologia, podemos observar a oposição marcado e não marcado no número, como em *casa ~ casas*: singular, *casa*, é o traço distintivo não marcado [Ø], enquanto *casas*, plural, é o traço distintivo marcado [-*s*]. É o que propõe Mattoso Câmara Jr. O não marcado, na morfologia, se manifesta como um morfema zero: *casa-Ø ~ casa-s*.

No latim, a redução das declinações a três, com a fixação dos nomes na forma única do acusativo para qualquer função sintática e com o "esvaziamento do /m/ final, o sistema nominal, para os três grupos, ficou sendo desinência zero (Ø) no singular, e desinência -s no plural".[27] Essa é a postulação do morfema zero, para o número, em que o singular é a forma não marcada (Ø) e o plural, a forma marcada (-s). Por analogia, Mattoso Câmara estende a aplicação de morfema zero para o gênero dos nomes.

Como pudemos ver no quadro das declinações latinas, não havia uma exclusividade de pareamento entre casos e gêneros: havia declinações predominantemente femininas, como a primeira, e predominantemente masculinas, como a segunda. Nos substantivos não predominantes de uma mesma declinação, a diferenciação do gênero se tornava explícita com a flexão do adjetivo. É o que acontece com *lupus* e *quercus*, nomes de segunda declinação, masculino e feminino, respectivamente. O gênero só ficava claramente explícito com um adjetivo: *lupus abiectus* e *quercus abiecta*.[28]

Daí Mattoso Câmara deduz que "o substantivo não tem, necessariamente, marca morfológica de gênero, ou, em outros termos, a marca em princípio é uma desinência zero (Ø)".[29] Assim como na marcação de número, por analogia, o morfema zero pode ser aplicado para a marcação de gênero. No português, *loba* é uma palavra feminina não porque termina com -*a*, como seria o mais intuitivo de se pensar, mas porque quando adjetivada, o adjetivo é flexionado no feminino: *loba preta* em oposição a *lobo preto*. Talvez isso fique muito claro com a palavra *estudante*. Só sabemos o gênero de *estudante* quando flexionamos o adjetivo: *estudante atento* vs. *estudante atenta*.

A classificação das palavras quanto ao gênero, na proposta de Mattoso Câmara, é resumida a três regras: "1. Nomes substantivos de gênero único; ex.: (a) rosa, (a) flor, (a) tribo, (a) juriti, (o) planeta, (o) amor, (o) livro, (o) colibri. 2. Nomes de dois gêneros, sem flexão; ex.: (o, a) artista, (o, a) intérprete, (o, a) mártir. 3. Nomes substantivos de 2 gêneros, com uma flexão redundante; ex.: *(o) lobo, (a) loba, (o) mestre, (a) mestra, (o) autor, (a) autora*".[30] Os nomes com flexão redundante apresentam duas formas, das quais uma é a marcada; na expressão do número, a forma marcada é o plural. Na expressão do gênero, a forma marcada é o feminino, em oposição ao morfema zero.

A postulação do gênero não marcado não é uma noção intuitiva, e também não é uma noção consensual. No entanto, boa parte das gramáticas contemporâneas do português assumem a noção de gênero marcado, em maior ou menor força, explicita ou implicitamente. Celso Cunha e Lindley Cintra, na *Gramática do português contemporâneo*, assumem explicitamente que "Há dois gêneros em português: O MASCULINO E O FEMININO. O masculino é o termo não marcado; o feminino o termo marcado".[31] Não há uma explicação do que é não marcado ou marcado, ficando a interpretação da noção de marca a critério de quem lê.

Embora sem menção explícita a Mattoso Câmara, José Carlos de Azeredo explica o que entende por formas marcadas e não marcadas, introduzindo o que denomina de marca:

> A língua provê recursos para que a informação relevante e não previsível seja dada por algum elemento acrescentado à expressão, enquanto tende a suprimir do texto indicadores formais de conteúdo que o contexto torna previsíveis. Uma forma não é marcada por si, mas sempre em relação a outra: a unidade marcada é necessariamente mais complexa do que a não marcada no plano de sentido, e a esta maior complexidade informacional/semântica pode corresponder uma maior complexidade formal.[32]

A noção de marca apresentada por Azeredo não equivale exatamente à de Mattoso Câmara, pois introduz as noções de relevância e previsibilidade de informação, que são decorrentes da situacionalidade de tempo, espaço e comunidade da língua, enquanto a proposta original era exclusivamente formal, presença ou ausência de marcas formais da língua.

> O masculino é o membro não marcado [...] – isto é, inespecífico – da oposição. Por isso, ele é o escolhido para designar a classe ou a espécie em sentido amplo: *o brasileiro* (isto é, 'o povo brasileiro'), *o trabalhador* (isto é, 'homem ou mulher que trabalha'), *o artista* ('quem produz arte'), *o sem-terra* (isto é, 'habitante da zona rural que não tem onde plantar'), *o gato* (isto é, 'animal felino doméstico').[33]

O inespecífico de Azeredo, segundo sua definição, é a informação previsível, que vai dar base ao que vamos chamar de "masculino genérico" mais à frente. A previsibilidade não é um atributo linguístico, e sim uma consequência da cognição social.

Poderíamos inferir que a assumpção de um gênero marcado fosse conveniente a homens que codificam as gramáticas, e não a mulheres. Por exemplo, Maria Helena de Mira Matheus, Ana Maria Brito, Inês Silva Duarte e Isabel Hub Ferreira, na *Gramática da língua portuguesa*, atribuem ao artigo (especificador) o papel de atribuir flexão de gênero. Não se referem ao um gênero marcado e outro não marcado, e sim à alternância de gêneros: "As alternâncias de género mais frequentes e produtivas em português estão representadas em (8) [aluno / aluna] e (9) [professor / professora, francês / francesa] : *o* (masc.) / *a* (femin.) e Ø (masc.) / *a* (femin.)."[34] A *Gramática de usos do português*, de Maria Helena de Moura Neves, não conceitua gênero, já assume, diretamente, a formação do feminino.[35]

A noção de marcação, em especial a da perspectiva cognitiva, tem sido explorada em abordagens experimentais para avaliar os custos de processamento de formas emergentes e redundantes de expressão do gênero, adicionando novas informações que podem ser incorporadas à descrição gramatical. Não é o que encontramos nas gramáticas contemporâneas do português, que ainda se mantêm alinhadas à interpretação de Mattoso Câmara acerca de marcação advinda do Círculo Linguístico de Praga, em termos da presença ou ausência de traços. As extrapolações sobre naturalidade, universalidade ou dificuldade de processamento não encontram evidências, embora extrapolações não licenciadas ocorram quando o conceito de marcação sem a explicitação do alinhamento teórico é evocada.

GÊNERO IMANENTE E GÊNERO SEXUAL

Mattoso Câmara reconhece a complexidade de conceituar gênero. Arrisca-se distinguindo substantivos designativos de seres do reino animal (seres humanos e animais "irracionais" – aspas dele) e de coisas. Para os primeiros, "a dicotomia masculino-feminino coincide com a oposição de sexos em machos e fêmeas, mas não de natureza cabal".[36] Para os segundos, introduz um outro conceito, que reverbera nas gramáticas contemporâneas do português, a do gênero imanente: "o gênero imanente se explicita, porém, pela forma de toda uma série de adjetivos quando qualquer deles se reporta ao substantivo em questão"[37]. Assim, "o caráter feminino ou masculino da palavra está imanente na palavra e é de natureza lexical, não flexional".[38]

José Carlos de Azeredo distingue gênero por convenção e gênero por referência, em que o primeiro refere-se ao gênero imanente e consolidado pelo uso e o segundo, a gênero por convenção social.[39] Evanildo Bechara[40] reconhece que "a distinção do gênero nos substantivos não tem fundamentos racionais, exceto a tradição fixada pelo uso e pela norma; nada justifica serem, em português, masculinos *lápis*, *papel*, *tinteiro* e femininos *caneta*, *folha* e *tinta*".[41]

Essas exposições de gênero parecem desfazer os equívocos pontuados na crítica de Mattoso Câmara ao modo como gramáticas tratavam gênero: "A flexão de gênero é exposta de uma maneira incoerente e confusa nas gramáticas tradicionais do português",[42] em especial:

- apresentado intimamente associado ao sexo dos seres, mesmo quando não sexuados, como coisas;
- mesmo em substantivos referentes a animais e pessoas, há discrepância entre gênero e sexo (*testemunha*, sempre feminino e *cônjuge*, sempre masculino).

Incoerente, confusa e estática, como se não houvesse flutuação no gênero – o que é atestado nas gramáticas históricas – ou mesmo mudança: é o caso da palavra *cônjuge*, apontada até hoje como uma palavra uniforme que se refere ao masculino e feminino (no entanto, o uso da forma com síncope e como comum de dois gêneros é atestado: "A possibilidade, por exemplo, de uma mulher, uma conje, seja morta pelo seu conje"[43]).

Decerto Mattoso Câmara estava se referindo a conceituações de gênero como a de Napoleão Almeida:

Quando dizemos que um animal é macho, queremos indicar o sexo real, físico, do animal ou de qualquer outro ente animado; se dizemos que a égua é a fêmea do cavalo, especificamos o sexo desse animal, com relação ao sexo do cavalo.

Passando do terreno físico para o terreno da gramática, não se irá dizer que égua é palavra fêmea, mas, sim, que égua é palavra do gênero feminino. Do mesmo modo, o cavalo, como animal, é macho, mas a palavra cavalo é do gênero masculino.

Dessa rudimentar explicação, compreende-se que o gênero gramatical de um substantivo corresponde ao sexo real do ser que esse substantivo designa.[44]

Nas palavras de Mattoso Câmara: "As divisões das nossas gramáticas a respeito do que chamam inadequadamente 'flexão de gênero' são inteiramente descabidas e perturbadoras na exata descrição gramatical."[45] A primeira crítica é ao fato de gênero ser apresentado intimamente associado ao sexo dos seres, mesmo quando não sexuados, como coisas, tal como fez Napoleão Almeida em sua explicação.

É comum lermos nas nossas gramáticas que *mulher* é o feminino de *homem*. A descrição exata é dizer que o substantivo *mulher* é sempre feminino, ao passo que outro substantivo, a ele semanticamente relacionado, é sempre do gênero masculino. Na descrição da flexão de gênero em português não há lugar para os chamados 'nomes que variam em gênero por heteronímia'. O que há são substantivos privativamente masculinos, e outros, a eles semanticamente relacionados, privativamente femininos. Tal interpretação, a única objetiva e coerentemente certa, se se estende aos casos em que um substantivo derivacional se restringe a um substantivo em determinado gênero, e outro sufixo, ou a ausência de sufixo, em forma nominal não derivada, só se aplica ao mesmo substantivo em outro gênero.[46]

Ainda, a "NGB ainda mais perturbou a descrição, criando a divisão dos 'sobrecomuns' para distinguir dos epicenos (nomes de animais) os nomes de pessoa, que, como em *testemunha*, não mudam gênero".[47]

Embora amplamente adotada, a proposta de Mattoso Câmara também não é isenta de críticas nem consensual. Dois pontos se destacam: um é a generalização não licenciada que dá base a argumentos de naturalização do masculino como uma forma neutra de referência ao gênero. Inicialmente baseada em morfologia, é estendida para o nível do significado: "O mais que podemos dizer, porém, em referência ao gênero, do ponto de vista semântico, é que o masculino é uma forma geral, não marcada, e o feminino indica uma especialização". A expansão do argumento do nível morfológico, exemplificado pelo pareamento entre não marcado e marcado quanto à presença de traços (como no singular e plural, masculino e feminino), para o nível semântico não é acompanhada de uma discussão; é uma generalização não licenciada nos argumentos apresentados por Mattoso Câmara na sua obra.

As implicações dessa generalização não licenciada ficam visíveis quando ela tomada como base para explicar o uso da forma do masculino para a referência em grupos mistos quanto ao gênero, como é apresentado mais à frente.

Outro ponto também não consensual é o processo de formação do gênero, se derivação ou flexão.

FLEXÃO OU DERIVAÇÃO

A postulação do morfema zero para a flexão do gênero no português decorre da premissa de que gênero é uma característica obrigatória para a classificação das palavras. Isso é herança latina, em cujo sistema gênero, junto com número e caso, correspondia a desinência específica e obrigatória nos elementos nominais de uma sentença. E, por ser característica obrigatória, gênero é tratado como flexão em toda a tradição gramatical, como vimos anteriormente.

No entanto, na tradição gramatical contemporânea do português, gênero enquanto flexão do nome não é um consenso. Mattoso Câmara se ancora no gramático romano Varrão para distinguir "o processo de *derivatio voluntaria*, que cria novas palavras, e a *derivatio naturalis*, para indicar modalidades específicas de uma dada palavra".[48] A flexão é obrigatória e sistemática, processo paradigmático; não é possível acontecer flexão em um subconjunto de nomes e não em outros. É por esse argumento que Mattoso Câmara defende que os adjetivos não se flexionam em grau, e linguistas alteram um ditado popular, "concordo em gênero, número e grau", para fazerem jus a isso.

Tal interpretação, a única objetiva e coerentemente certa, se se estende aos casos em que um substantivo derivacional se restringe a um substantivo em determinado gênero, e outro sufixo, ou a ausência de sufixo, em forma nominal não-derivada, só se aplica ao mesmo substantivo em outro gênero. [...] Dizer que -triz, -inha ou -ão são flexões de gênero é confundir flexão com derivação.[49]

É por isso que, na perspectiva de Mattoso Câmara, gênero é flexão somente nos nomes comuns de dois gêneros e nos substantivos biformes, é flexão. Os nomes de substantivos únicos relacionados a seres sexuados, como ilustrado anteriormente, homem e mulher, são independentes, variando em gênero por heteronímia; logo, não teriam morfema de flexão de gênero. Se flexão é sistemática e obrigatória, como podemos dizer que não se aplica a um subconjunto de nomes substantivos? Essa é uma das limitações apontadas à proposta de Mattoso Câmara.

Evanildo Bechara não assume flexão nos substantivos: "Apesar de haver substantivos em que aparentemente se manifeste a distinção genérica pela flexão (*menino / menina, mestre / mestra, gato / gata*), a verdade é que a inclusão num ou noutro gênero depende direta e essencialmente da classe léxica dos substantivos".[50] Conclui, sugerindo o enviesamento: "A analogia material da flexão de gênero do adjetivo é que levou o gramático a pôr no mesmo plano *belo / bela* e *menino / menina*.". Bechara evoca textualmente as lições de Mattoso Câmara em vários aspectos de sua gramática, na fonologia, na morfologia e na estilística. No entanto, quanto ao gênero, faz menção direta em uma nota de rodapé apenas para discordar da abordagem na formação do feminino em um morfema subtrativo, explicando a raridade desse tipo de morfema em português (Bechara propõe *irmão → irmãa → irmã*, Mattoso Câmara propõe *irmão → irmã(o) → irmã*).[51] Para todos os demais casos, Bechara explica que ocorre supressão ou acréscimo ao radical, com supressão de vogal temática.

José Carlos de Azeredo dedica duas páginas à formação do feminino, que, diferente do que propõe Mattoso Câmara, é tratado como derivação, e não flexão: "As gramáticas do português em geral ensinam que em pares de substantivos como aluno/aluna, mestre/mestra, coelho/coelha, elefante/elefanta ocorre uma flexão de gênero. Embora muito difundida e consolidada em nossa tradição descritivista, esta análise precisa de uma reformulação".[52] Em seguida, apresenta três argumentos: 1) flexão é incompatível com a quantidade de exceções; 2) flexão é uma variação formal da mesma palavra e que *"coelho* e *coelha* não são duas formas da mesma palavra, mas palavras lexicais distintas que os dicionários registram separadamente".[53] O terceiro argumento extrapola o limite da gramática: "A criação e o emprego de certos nomes femininos (*chefa, sargenta, presidenta*), ou mesmo de certos nomes masculinos (*borboleto, formigo, pulgo*, possíveis nas histórias infantis), são frequentemente encarados como opções pessoais ou escolhas estilísticas dos falantes, o que não acontece quando estamos diante de uma flexão regular".[54]

Mário Perini propõe uma distinção entre a natureza intrínseca e inerente do gênero e a natureza flexional: "Essa oposição recobre, *grosso modo*, a distinção tradicional entre "substantivos" e "adjetivos": os primeiros possuem gênero, os segundos variam em gênero.[55]

Parece que a crítica que Mattoso Câmara tece às gramáticas, de que não fazem "a distinção entre flexão de gênero e certos processos lexicais de indicar o sexo"[56] não se sustenta, pelo menos nas gramáticas contemporâneas. Mas talvez tenha sido motivada por explicações como a de Napoleão Almeida quanto aos epicenos:

> Como discriminar, então, na linguagem, o sexo real desses animais? Isso é feito mediante o acréscimo dos adjetivos macho e fêmeo: a baleia macha, a baleia fêmea; o tubarão macho, o tubarão fêmeo. Não nos admiremos da forma fêmeo; esta palavra, no caso presente, é adjetivo e, como tal, deverá flexionar-se de acordo com o gênero do substantivo a que se refere; o mesmo se observe com o adjetivo macho, que, referindo-se a nomes femininos, deverá flexionar-se em macha. A pulga macha, flores machas, palmeira macha. Pode-se, ainda, indiferentemente, dizer: o macho da pulga, a fêmea do jacaré.[57]

Uma construção como *pulga macha* poderia ser explicada pelo efeito da obrigatoriedade da concordância do adjetivo, ou, como visto anteriormente, na proposta de Mattoso Câmara, que é pelo adjetivo que o gênero de nomes é desvelado. Não se sustenta, nem pelo uso (já que essas formas não são atestadas), nem pelo processo de concordância, já que em construções como *mártir alegre* não há como se saber o gênero dos nomes sem a anteposição de um artigo.

Mattoso Câmara explica que, nos epicenos, "não são diferenciados pelas palavras macho e fêmea: 1) não é necessária a especificação e 2) o gênero da palavra (e não do ser) não muda com esta especificação: em *cobra macho, cobra* continua sendo uma palavra do gênero feminino".[58]

A explicação de Mattoso Câmara para o gênero em português não é consensual, e a própria consistência interna da descrição é colocada em xeque. A regra precisa ser única: gênero não pode ser flexão em alguns casos e derivação em outros. Contrária à proposta de Mattoso Câmara, Alina Villalva argumenta que "não pode ser atribuída à flexão, mas se relacionam com a constatação de que a variação em gênero não é obrigatória, nem sistemática".[59] Há, ainda, muito o que discutir sobre o estatuto gramatical do gênero.

FEMININO COMO DEFECTIVO

A afirmação de Mattoso Câmara de gênero não marcado e o feminino como forma de especialização tem interferido na organização das gramáticas, com a apresentação do feminino como o gênero que precisa ser ensinado, o gênero defectivo. Mesmo não assumindo explicitamente as premissas de Mattoso Câmara para o gênero, podemos ver efeitos do gênero marcado nas gramáticas quando da apresentação de regras de formação do feminino. Cunha e Cintra, coerentes com a proposta de gênero marcado, abrem uma seção para a formação do feminino.[60]

Bechara parte da distinção de sexos, diferenciando os substantivos indiferentes à mudança de sexo (criança, pessoa, cônjuge, formiga e tatu), de substantivos de um gênero só, ditos sobrecomuns.[61] A presunção do masculino como não marcado se reflete em uma seção sobre *"O gênero nas profissões femininas"* e *"Formação do feminino"*. Azeredo não questiona o processo do gênero em si, mas a formação do feminino, em "Formação do feminino: flexão ou derivação?".[62] Moura Neves detalha em quase 20 páginas a formação do feminino.[63]

Seja flexão ou derivação, a escolha por detalhar a formação do feminino revela a subjacência de uma hierarquia, o masculino como não marcado e naturalizado e o feminino como defectivo, que precisa ser ensinado.

GÊNERO VACILANTE

Gênero é obrigatório, mas não necessariamente estável. Como nos mostrou Manuel Said Ali, algumas palavras mudaram de gênero no decurso do tempo, como *planeta* e *tribo*. E há um conjunto de palavras cujo gênero gramatical oscila, como "o alface" ou "a alface", "o dó" ou "a dó", "o libido" ou "a libido", ou, mais recentemente, "a soja" ou "o soja".[64]

A lista é grande e varia de gramática para gramática. Por exemplo, Bechara inclui, em "gêneros que podem oferecer dúvida",[65] a palavra *cal* como sendo do gênero feminino, *a cal*, do mesmo modo que Moura Neves.[66] Já Azeredo considera *cal* um nome de "gênero variável", que tanto pode ser feminino como masculino, ou seja, refere-se a substantivos que "pertencem aos dois gêneros sem qualquer diferença no significado".[67] Celso Cunha e Lindley Cintra designam esses substantivos como "substantivos de gênero vacilante", mas não incluem *cal* na lista. Gênero vacilante são "substantivos há em cujo emprego se nota vacilação de gênero. Eis alguns, para os quais se recomenda a seguinte preferência"[68] e listam as preferências de substantivos femininos e substantivos preferencialmente masculinos.

Chamar de "gênero vacilante" parece à primeira vista uma postura aberta à variação. Mas a postura aberta à variação é desfeita na subclassificação entre corretos e aceitáveis introduzida por prescritivistas de norma curta, com a distinção de duas classes de vacilantes, a dos "corretos" e a dos "aceitáveis".

Substantivos de gênero vacilante retomam uma regra descrita desde as primeiras gramáticas: quem define o gênero é o determinante (artigo ou especificador, a depender da teoria subjacente e sua nomenclatura). Essa regra é retomada em diferentes momentos. A formulação de João de Barros, em 1540, continua atualíssima: "Nomes que não se conhece a significação e não entra em alguma destas regras, se aceitar o artigo o, é masculino, se aceitar o a, será feminino".[69]

A regra geral estabelecida por Cunha e Cintra é a do determinante: "Pertencem ao gênero feminino todos os substantivos a que se pode antepor o artigo a". E admitem que "o gênero de um substantivo não se conhece, de regra, nem pela sua significação, nem pela sua terminação".[70]

Mesmo explicitando todas as possibilidades de classificação de gênero pelas terminações, do mesmo modo que tentava Soares Barbosa, Cunha e Cintra concluem que "é sempre difícil conhecer-se pela terminação o gênero de um dado substantivo".[71]

O próprio Mattoso Câmara reconhece o papel crucial dos artigos: ao criticar a abordagem das gramáticas, conclui que "As gramáticas escolares podem, portanto, ensinar o gênero dos nomes substantivos na base da forma masculina ou feminina do artigo, que eles implicitamente exigem".[72]

Na prática, significa que o gênero da palavra é definido pelo artigo que ela aceita: em uma construção como *o omelete*, *omelete* é uma palavra masculina porque foi anteposto um artigo masculino, já em *a omelete*, *omelete* é uma palavra feminina porque foi anteposto um artigo feminino.

A explicação do gênero vacilante e da flexão pelo artigo explica, por exemplo, construções como *a Pabllo Vittar*. Nomes próprios, no português, costumam ser específicos para cada sexo, e o uso de artigos definidos deve seguir essa especificação: os nomes pessoais masculinos são precedidos pelo artigo definido masculino (o João), enquanto os nomes femininos são precedidos pelo artigo definido feminino (a Maria). Essa generalização é codificada em regras, tais como as resumidas por Cunha e Cintra: [73]

São geralmente masculinos:
a) os nomes de homens ou de funções por eles exercidas: João, mestre, padre, rei

São geralmente femininos:
a) os nomes de mulheres ou de funções por elas exercidas: Maria, professora, freira, rainha

No entanto, são generalizações. Por exemplo, meu nome é feminino, embora 1.805 das 286.415 pessoas recenseadas com o nome Raquel no Brasil tenham sido identificadas como homens, como apontam os dados do Censo de 2010.[74] O que define se um nome é masculino ou feminino é o artigo. O uso de artigo feminino antes de nomes próprios comumente masculinos, como em *a Pabllo Vittar*, tem sido identificado na demanda por nomes próprios para as pessoas que não se identificam com o gênero binário na comunidade LGBT+, como uma marca de pertencimento a essa comunidade.[75]

A motivação social se acomoda em uma regra da língua que não é uma inovação linguística, pois já é descrita desde as primeiras gramáticas e prescrita nas recomendações pedagógicas, como sugeriu Mattoso Câmara. As reações que esse uso pode se desencadear não são resultado de erro gramatical, como fica demonstrado. Talvez o sexismo não esteja na língua.

USOS QUE REFLETEM SEXISMO?

O percurso das gramáticas do português mostra que a distinção sexual, gênero como categoria partindo de seres sexuados, é a base para a distinção entre masculino e feminino. Uma vertente de explicações objetiva sistematizar a morfologia dos nomes para classificá-los quanto ao gênero, enquanto outra vertente de explicação, a última cartada, é a do artigo como elemento definidor do gênero.

Gênero não parece ser uma preocupação normativa na tradição gramatical contemporânea do português, tanto que há até uma classificação para as palavras cujo gênero é indiferente, como propõem Bechara, Moura Neves e Azeredo, ou vacilante, como propõem Cunha e Cintra (embora distingam, entre os vacilantes, os femininos e os masculinos). Destaque-se que gramáticas baseadas em *corpora* de fala contemporânea, como a de Ataliba Castilho[76] ou o volume da *Gramática do Português Culto Falado no Brasil* organizado por Rodolfo Ilari sobre palavras de classe aberta,[77] não tratam da classificação das palavras em gênero, apenas assumem que gênero é obrigatório.

Pistas de um sexismo poderiam ser atribuídas à opção de, assumindo ou não a premissa do gênero não marcado, apresentar explicações para a formação do gênero feminino, tal como fazem Evanildo Bechara, José Carlos de Azeredo, Celso Cunha e Lindley Cintra e Maria Helena de Moura Neves. As motivações vão além da informação gramatical, a presença ou ausência de marca, partem para o que vai dar base a um masculino genérico, tal como a explicação de inespecífico ou designativo da classe ou da espécie em sentido amplo.

Mas como a língua pode ser sexista se não há sexo na língua e sim gênero gramatical? A língua codifica o sexismo da sociedade na gramática, se se manifesta em outros processos, como concordância em grupos mistos.

Concordância

O processo de concordância é flexional e obrigatório no português. É ainda reminiscência dos casos latinos. Daí decorre que a concordância, tanto de gênero como de número, como já destacou Mattoso Câmara, é redundante. Ou, pelo menos, ainda é em algumas variedades da língua portuguesa.

(1) $O\text{-}\emptyset_{[gênero]}\text{-}\emptyset_{[número]}$ $menino\text{-}\emptyset_{[gênero]}\text{-}\emptyset_{[número]}$ $bonito\text{-}\emptyset_{[gênero]}\text{-}\emptyset_{[número]}$

(2) $O\text{-}\emptyset_{[gênero]}\text{-}s_{[número]}$ $menino\text{-}\emptyset_{[gênero]}\text{-}s_{[número]}$ $bonito\text{-}\emptyset_{[gênero]}\text{-}s_{[número]}$

(3) $A\text{-}_{[gênero]}\text{-}\emptyset_{[número]}$ $menin\text{-}a_{[gênero]}\text{-}\emptyset_{[número]}$ $bonit\text{-}a_{[gênero]}\text{-}\emptyset_{[número]}$

(4) $A\text{-}_{[gênero]}\text{-}s_{[número]}$ $menin\text{-}a_{[gênero]}\text{-}s_{[número]}$ $bonit\text{-}a_{[gênero]}\text{-}s_{[número]}$

O artifício do morfema $\emptyset$ dá conta da demonstração de como atuam as flexões de gênero e número em uma concepção de número e gênero marcado *vs.* não marcado.

Em referência a pessoas, a concordância singular com o gênero social pressupõe uma realização binária. Por exemplo, ao agradecer, um homem diz *obrigado* e uma mulher diz *obrigada*. O fato de ser um morfema marcado ou a ausência de um morfema ($\emptyset$) não interfere no efeito de superfície da situação interacional.

Na situação de referência a pessoas, em um grupo, além da concordância do plural, há também a concordância do gênero. Se o grupo for homogêneo, como em (2) e (4), a concordância de gênero não é afetada no plural, pois o plural segue o mesmo padrão de gênero do singular: *os meninos* e *as meninas*. Mas, em um grupo misto, em que há mais de um menino e mais de uma menina, o processo de concordância mobiliza a forma masculina.

Para entender o processo de concordância, é preciso evocar o conceito de determinante, que é um rótulo aplicado a um conjunto de palavras que ocupam a posição mais à esquerda de um sintagma nominal. A classe mais frequente e/ou mais provável de ocorrer nessa posição no português brasileiro contemporâneo é a dos artigos, mas não são só: pronomes demonstrativos, quantificadores e relativos (pronomes possessivos costumam ser arrolados como determinantes, mas há variedades em que o possessivo pode ser antecedido de determinante, e outras não).

Embora a regra seja de gênero do determinante, quando explicam concordância, as gramáticas invertem a carta do jogo: é o determinante que concorda com a palavra determinada, e não a palavra determinada que carrega a marca de concordância.

74 Não existe linguagem neutra!

Bechara apresenta três situações de concordância de palavra para palavra. A primeira é quando há apenas uma palavra determinada, e a palavra determinante vai para o gênero e para o número da palavra determinada. Na primeira situação, "Nomes femininos como *sentinela*, *guarda*, *guia* e assemelhados, quando aplicadas a pessoas do sexo masculino, mantêm o gênero feminino, e levam para este gênero os determinantes a eles referidos: *a sentinela avançada*".[78]

Quando há mais de duas palavras determinadas, se forem do mesmo gênero, seguem a regra de concordância em que a palavra determinante segue o gênero e o número da palavra determinada, ou estabelece relação de concordância com a mais próxima: *a língua e a literatura portuguesas* ou *a língua e a literatura portuguesa, os nossos Basílio e Durão* são abonações dessa relação de concordância ilustrada por Bechara. Já "se as palavras determinadas forem de gêneros diferentes, a palavra determinante irá para o plural masculino ou concordará em gênero e número com a palavra mais próxima".[79] Para ilustrar essa regra, são apresentadas abonações de nomes não animados. Não há abonações para nomes que se referem a pessoas. Por essa regra, teríamos

(5)   [[O menino e a menina] carismáticos]
(6)   [O menino] e [a menina carismática]

Ocorre que, em (6), a interpretação é de que apenas a menina é carismática e, em (5), na interpretação em que o atributo é distribuído a ambos os nomes substantivos, a concordância se estabelece no masculino plural. Se a ordem dos nomes for invertida, não há mudança na interpretação partitiva, em (7), mas a concordância com o elemento mais próximo se estabelece no masculino singular, em (8).

(7)   [[A menina e o menino] carismáticos]
(8)   [A menina] e [o menino carismático]

Uma relação de concordância feminino plural não faz parte da regra: *A menina e o menino carismáticas*.

Se o conjunto de referentes de uma situação em que as palavras determinadas são de gêneros diferentes em quantidade também diferente, seria de se supor que uma regra quantitativa pudesse ser aplicada: aquela palavra determinada que tiver o maior número define o gênero do determinante. Mas não é assim que funciona: mesmo que a maioria seja do gênero feminino, a forma de concordância é o gênero masculino; esta é a regra do masculino genérico, ilustrada na Figura 2.

Figura 2 – Regra do masculino genérico[80]

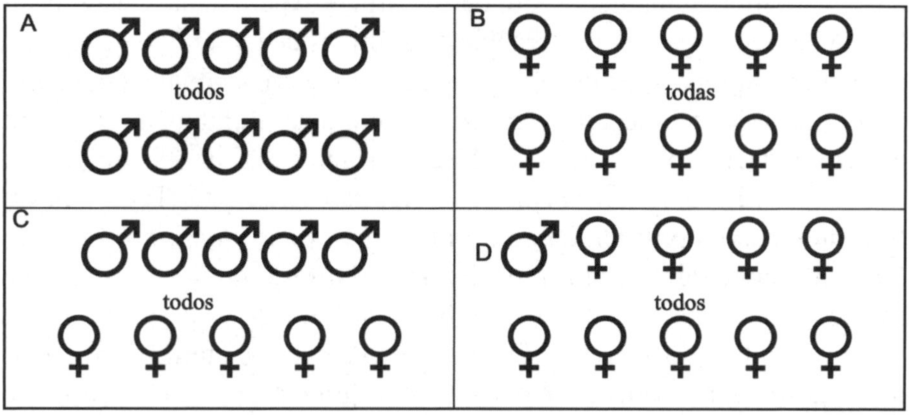

Vejamos o determinante que pode referir a um conjunto de nomes sexuados plurais. No quadrante A, o conjunto é composto exclusivamente por elementos masculinos, configurando um grupo homogêneo, enquanto o quadrante B é composto exclusivamente por elementos femininos, grupo igualmente homogêneo. O determinante para retomar A é *todos*, enquanto o pronome para retomar B é *todas*. Nos quadrantes C e D, há diferentes proporções de elementos femininos e masculinos; em C, metade e metade, e em D, apenas um dos elementos é masculino. Para ambos os quadrantes, o determinante para retomar os conjuntos é *todos*. A diferença entre *todos* em A e *todos* em C e D é que em A *todos* se refere ao masculino e em C e D o uso é genérico.

Os nomes sexuados masculinos plurais têm, então, duas possibilidades de leitura: uma de grupo masculino, e outra de grupo misto. Esses plurais são naturalmente ambíguos. Por exemplo, em uma frase como "Os empregados de limpeza saíram da sala", pode-se imaginar que *os empregados* se refira a um conjunto exclusivo de homens ou a um conjunto de homens e mulheres.

Esse padrão acontece em outras línguas, como inglês e alemão.[81] Em um estudo experimental no português europeu, após a apresentação da sequência de estímulos com uma forma masculina genérica plural como a anteriormente ilustrada, era perguntado a cada participante se o grupo era composto exclusivamente por homens, exclusivamente por mulheres ou por homens e por mulheres.[82] Do mesmo modo que acontece nas outras línguas, frases em que formas de masculino genérico se ligam a nomes lexicalmente masculinos são mais bem aceitas do que quando essas formas são vinculadas a nomes lexicalmente femininos, o que reforça a invisibilidade feminina. Juntamente com outras tarefas experimentais, esse resultado sugere que a leitura preferencial das formas de masculino genérico é específica, ou seja, se refere a homens, e não genérica, todas as pessoas.

O processo de substantivização de uma palavra também é sempre masculino. Uma observação de Bechara, acrescida na 39ª edição da sua *Moderna gramática portuguesa*, ilustra esta regra: "Toda palavra substantivada é considerada como masculina (*o a*, *o sim*, *o não*, etc.): 'Não tem santo que me faça mencionar *os issos*. *Os aquilos*, então, nem pensar.' (João Ubaldo Ribeiro, O Globo, 21/8/2005)".[83]

Uma explicação para esses fatos decorre da reinterpretação da noção de marcação e de não marcado do ponto de vista gramatical, como na proposta apresentada por Mattoso Câmara. Como resultado, o gênero masculino é um tipo de gênero genérico, ou masculino genérico. Dessa reinterpretação, outra interpretação decorrente é que o masculino genérico é uma forma de neutro. Evoca-se a origem latina em que havia uma classe de gênero neutro, que foi absorvida pelo masculino, como vimos anteriormente.

Assim, a binariedade que leva a um gênero marcado e defectivo, o feminino, faz com que a forma que expressa masculino seja assumida como uma forma não marcada, o gênero não marcado, que é supergeneralizado como um gênero genérico. Outras línguas também têm esse mesmo padrão de comportamento, inclusive o alemão, língua que tem um gênero neutro, mas que faz uso do masculino genérico, que emerge no mesmo contexto que no português, o de plural de grupos mistos.

Independentemente da explicação, a predominância de um gênero sobre o outro configura uma situação de arranjo do sistema linguístico que é conformada com o arranjo da sociedade, e, por esse viés, é um sexismo.

Frequência

A frequência de recorrência de um nome na sociedade pode atribuir à informação gramatical a sua configuração social; é o que ocorre com o gênero nas profissões expressas por nomes comuns de dois gêneros.

Enquanto há uma associação entre -*o* e masculino e -*a* e feminino quase categórica nos nomes biformes, nos nomes comuns de dois gêneros que se referem a pessoas, a vogal temática evoca uma associação predominante com um dos gêneros, por razões que extrapolam o sistema linguístico. A regularidade da ocorrência, a frequência com que a associação ocorre, configura a prototipicidade de gênero, e essa informação também está codificada na gramática. Isso fica evidente no conjunto de nomes comuns de dois gêneros relativos a profissões, cuja vogal temática é -*a*, como em *motorista, babá, dentista, frentista*. Quando pensamos em *motorista*, a associação é com o gênero masculino, enquanto quando pensamos em *babá*, a associação é com o gênero feminino.

Uma explicação para essa associação decorre das experiências com os estereótipos compartilhados na comunidade associando profissões e gêneros. No caso de nomes comuns de dois gêneros, na falta de informação gramatical de gênero nos substantivos, as pessoas escolhem um gênero a partir de representações mentais construídas por estereótipos de gêneros socialmente construídos.

Estereótipos são representações, uma "imagem mental hiperssimplificada de uma determinada categoria (normalmente) de indivíduo, instituição ou acontecimento, compartilhada em aspectos essenciais, por grande número de pessoas".[84] Em princípio, não há uma predisposição favorável ou desfavorável na estereotipia. Os efeitos da estereotipia do gênero na sociedade podem modelar a concordância de gênero dos nomes na língua.

A frequência dos nomes comuns de dois gêneros relativos a profissões no português brasileiro apresenta uma diferença acentuada. No Quadro 2, uma busca por 30 profissões mostra que majoritariamente há mais ocorrências de gênero masculino do que gênero feminino.[85] A coleta das frequências de ocorrência foi realiza no Google, em páginas em português, e a busca com expressão "ao pé da letra" (para diferenciar "babá" de "baba" e "camelô" de "de camelo"), opção dada pelo buscador. A frequência de cada profissão foi computada quanto à frequência global do item e às frequências como profissão feminina e como profissão masculina. Como a busca foi por colocações, sem anotação morfossintática, os parâmetros da pesquisa foram o nome da profissão antecedido de "uma" (frequência feminina) e o nome da profissão antecedido de "um" (frequência masculina). O artigo definido não foi considerado na busca porque, no feminino, "a" poderia se sobrepor à preposição "a"; também não foram considerados outros determinantes, quantificadores ou numerais, por não permitirem um controle do equilíbrio.

Babá e *assistente social* são as duas profissões que são predominantemente associadas com o gênero feminino. Atendente e estilista são as duas profissões em que a diferença percentual entre o feminino e o masculino (*range*) é a mais baixa, o que significa que não há predomínio por um ou outro gênero. Nas outras 26 profissões, predomina o gênero masculino.

Quadro 2 – Frequência dos gêneros das profissões em busca no Google[86]

Profissões	N feminino	%	N masculino	%	N total	range
Comandante do navio	3.530	3,5	96.100	96,5	99.630	92,9
Dj	106.000	3,8	2.720.000	96,2	2.826.000	92,5
Soldado	115.000	4,6	2.410.000	95,4	2.525.000	90,9
Motorista	515.000	5,3	9.210.000	94,7	9.725.000	89,4
Lojista	33.900	5,7	564.000	94,3	597.900	88,7
Camelô	3.170	5,8	51.300	94,2	54.470	88,4
Babá	1.500.000	94	95.100	6	1.595.100	88,1
Policial	475.000	10,2	4.180.000	89,8	4.655.000	79,6
Fiscal de obra	11.000	10,5	93.300	89,5	104.300	78,9
Frentista	19.600	10,6	166.000	89,4	185.600	78,9
Jurista	82.700	11,1	664.000	88,9	746.700	77,8
Eletricista	35.200	12,7	241.000	87,3	276.200	74,5
Chofer	6.190	13	41.300	87	47.490	73,9
Taxista	98.500	14,5	581.000	85,5	679.500	71,0
Piadista	2.890	15	16.400	85	19.290	70,0
Agente de trânsito	57.500	15,4	317.000	84,6	374.500	69,3
Dentista	231.000	15,4	1.270.000	84,6	1.501.000	69,2
Servente	28.200	19,2	119.000	80,8	147.200	61,7
Atleta	1.390.000	20,3	5.450.000	79,7	6.840.000	59,4
Assistente social	709.000	79,6	182.000	20,4	891.000	59,1
Gerente de banco	6.020	22	21.400	78	27.420	56,1
Gari	24.300	23,7	783.00	76,3	102.600	52,6
Pianista	403.000	27,7	1.050.000	72,3	1.453.000	44,5
Acrobata	10.600	28,3	26.800	71,7	37.400	43,3
Intérprete de libras	13.900	33,9	27.100	66,1	41.000	32,2
Estudante	3.210.000	34,3	6.140.000	65,7	9.350.000	31,3
Jornalista	9.370.000	36,6	16.200.000	63,4	25.570.000	26,7
Repórter	2.100.000	42,4	2.850.000	57,6	4.950.000	15,2
Estilista	648.000	47	730.000	53	1.378.000	6,0
Atendente	1.080.000	51,7	1.010.000	48,3	2.090.000	3,3

A frequência de um nome comum de dois gêneros associado a um gênero específico configura pistas de estereotipia que podem ser observadas também na comparação de frequências de nomes e gênero em uma amostra linguística de fala (Varsul) e no dicionário (Aurélio eletrônico), como apresentada por Luiz Carlos Schwindt.[87] Foi realizado o levantamento de todos os substantivos constantes do *Dicionário Aurélio eletrônico*, excetuando-se compostos, derivados de outros nomes e elementos de locuções, totalizando 17.049 ocorrências. Para a amostra de fala, foi realizado o mesmo levantamento em 24 entrevistas, sendo 8 de cada capital que integra o Projeto Variação Linguística na Região Sul do Brasil (Varsul), Porto Alegre, Florianópolis e Curitiba, estratificadas por sexo, faixa etária e escolaridade, totalizando 4.800 ocorrências. Depois, os resultados foram tabulados.

Como podemos observar no Quadro 3, a distribuição dos nomes uniformes é proporcional, com leve predomínio de nomes do gênero feminino em relação aos nomes masculinos.[88]

Quadro 3 – Distribuição de nomes quanto ao gênero[89]

	Dicionário		Varsul		Exemplos
	N	%	N	%	
Uniforme feminino	8.848	51,9	2.371	49,3	porta
Uniforme masculino	7.348	43,1	1.973	41,1	bolo
Biforme	443	2,6	384	8,0	menino(a)
Comum de dois gêneros	392	2,3	77	1,6	atleta/estudante

Nomes sexuados (*homem* / *mulher* / menino / *menina*) correspondem a 5,5% das ocorrências do *Dicionário Aurélio* e a 13,4% do Varsul. Quanto ao gênero, o predomínio do masculino é superior ao feminino, diferença estatisticamente significativa.[90]

Quadro 4 – Frequência de gênero de nomes sexuados[91]

	Dicionário		Varsul	
Feminino	99	0,58%	300	6,26%
Masculino	152	0,89%	695	14,48%

Tais resultados corroboram a percepção intuitiva norteadora do estudo, de "que há mais palavras masculinas do que femininas em nosso léxico –

para alguns, inclusive, o português se rotula por essa, entre outras razões, como uma língua machista",[92] bem como ilustram os efeitos da saliência da forma masculina e seu efeito na estereotipia. A noção de saliência está relacionada à probabilidade de encontrar mulheres e homens executando funções e tarefas relacionadas às profissões; já a frequência está relacionada à co-ocorrência de significados no léxico mental, quanto mais frequente o significado, mais rápido de recuperar a informação associada.[93]

Evidências do modo como traços de crenças e estereótipos são transpostos à gramática da língua são identificadas em estudos envolvendo estereotipia de gênero social e gênero gramatical implícito. Abordagens experimentais dão pistas da influência dos estereótipos de gênero na língua: em relação a nomes comuns de dois gêneros no inglês, o julgamento é mais positivo para frases que carregam características biológicas (por exemplo, informações a respeito de homens terem barba e só as mulheres terem bebês), enquanto o efeito de incompatibilidade de gênero é negativo para frases que carregam características relacionadas às roupas.[94] Já em relação ao tempo gasto, as frases ligadas ao vestuário demandam maior tempo (sugerindo mais esforço de processamento), enquanto frases com características biológicas demandam menor tempo (ativação automática da informação de gênero).

Assim como no inglês, no português, o efeito da representação do estereótipo de gênero pode ser observado em nomes de profissões comuns de dois gêneros, como em *dentista*, *babá*. Um estudo experimental envolvendo o julgamento do grau de feminilidade ou de masculinidade de cada uma das 30 profissões do Quadro 3 ("o quanto masculina é essa profissão?" ou "o quanto feminina é essa profissão"?), por estudantes de curso superior mostra que há uma associação entre a frequência da profissão no Google e a nota de julgamento das profissões.[95] Nas profissões de maior frequência com gênero masculino, a nota de julgamento é maior, e o mesmo efeito se observa com a frequência do gênero da profissão feminina: nas profissões de maior frequência no Google com gênero feminino, a nota de julgamento também é maior.

Os resultados desse estudo entre a correspondência dos estereótipos com as informações de gênero gramatical podem sugerir que a informação gramatical implícita de gênero nas profissões é inferida a partir das representações mentais de gênero nos estereótipos.

Nos nomes comuns de dois gêneros, a informação gramatical a partir da representação social dos estereótipos construídos pode ser considerada efeito de saliência. O julgamento do gênero das profissões é baseado nos papéis estereotipados que já são construídos por um consciente coletivo na sociedade, como *eletricista* e *soldado*, para homens; e *babá* e *estilista*, para as mulheres. As profissões estão associadas ao efeito de saliência sociocognitiva: a exposição a um padrão de gênero desencadeia fatores de frequência, familiaridade e convencionalidade e ativa os estereótipos de gênero em função do conhecimento das proporções de homens e mulheres que ocupam tais profissões.

Assim, a frequência prototípica de uma profissão associada a um gênero interfere na representação na gramática. Gênero nos nomes designativos é resultado das experiências com estereótipos compartilhados: na falta de informação gramatical de gênero, as pessoas constroem representações mentais a partir dos estereótipos de representação na sociedade, que sofrem efeitos da frequência e da saliência, parâmetros que também afetam a gramática.

Gramáticas são, de algum modo, sensíveis a essa associação. Na 39ª edição da *Moderna gramática portuguesa*, Bechara inclui três observações sobre essa associação:

> 1ª) O substantivo presidente é de dois gêneros, portanto podemos dizer: o presidente, a presidente. O feminino a presidenta também é aceito, pois a língua permite as duas formas em referência a mulheres que assumem a presidência. O uso não só atende a princípios gramaticais. A estética e a eufonia são fatores permanentes nas escolhas dos usuários. O repertório lexical que regula ocorrências nos mostra, até o momento, a presença de a presidente com mais frequência do que a presidenta. Com vice a forma vitoriosa é presidente, sobre presidenta. A tentativa de dar forma feminina a nomes uniformes tem ocorrido em outras línguas. Os franceses criaram chefesse, que o filólogo Brunot considerava horrível.
>
> 2ª) O feminino de papa é papisa, forma normalmente usada no sentido de 'profissional que se destaca e ganha notoriedade por sua competência', por exemplo: Costanza Pascolato é conhecida como a papisa da moda. No sentido de 'líder supremo de religião ou igreja', também é possível o uso do feminino, caso uma mulher ocupe esta posição.

3ª) O feminino de cacique é cacica, para designar a 'mulher que é chefe temporal de tribo indígena'. Se considerarmos cacique um substantivo de dois gêneros, poderemos aceitar também a forma cacique para os dois gêneros: o cacique Raoni, a cacique Jurema.[96]

As observações de Bechara tocam em aspectos de representação de gênero e mudanças na sociedade. Na esfera política, ainda que a forma *presidenta* fosse atestada, o aumento na frequência de uso ocorreu pela ascensão de uma mulher à presidência da república. Embora na esfera religiosa, pelo menos na tradição católica, mulheres não possam alçar o cargo mais alto, a abertura da possibilidade de uso do termo "caso uma mulher ocupe esta posição" sinaliza que a língua não é um impedimento. E, ao incluir a forma *cacica*, traz à luz uma interseccionalidade invisibilizada: mulher indígena em posição de poder.

Outras profissões no feminino, embora também possíveis na língua, também são estigmatizadas. É o caso da esfera militar. A inserção da mulher nas polícias militares no Brasil é relativamente recente, entre o final da década de 1970 e início dos anos 1980. Embora a Associação Integrada de Mulheres da Segurança Pública tenha solicitado que as mulheres policiais de Sergipe fossem referidas por suas designações no feminino, *soldada, caba, sargenta, subtenenta, tenenta, capitã* e *coronela*, o exame de 5.831 Boletins Gerais Ostensivos produzidos entre os anos de 1998 a 2022 não apontou ocorrências dessas formas, apenas o masculino, com exceção para o cargo de *capitã* (no lugar de *capitão*).[97] Importante destacar que as formas *capitã, coronela, sargenta* e *soldada* constam no Vocabulário Ortográfico da Língua Portuguesa. Bechara diz que "Na hierarquia militar, a denominação para mulheres da profissão parece não haver uma regra generalizada. Correm com maior frequência os empregos: *a cabo* Estes Silva, *a sargento* Andreia".[98]

Apesar de políticas de cotas para ingresso, as mulheres na polícia ainda são minoria e ficam retidas nas posições mais baixas. Por isso, os usos ainda são pouco frequentes. A construção das representações mentais a partir dos estereótipos de gênero demanda frequência para estabelecer a associação gramatical, para sair daquilo que Azeredo chama de opção pessoal ou estilo: "A criação e o emprego de certos nomes femininos (*chefa, sargenta, presidenta*), ou mesmo de certos nomes masculinos (*borboleto*, *formigo*, *pulgo*, possíveis nas histórias infantis), são frequentemente encarados como opções pessoais ou escolhas estilísticas dos falantes".[99]

A falta de representatividade gera uma estereotipia negativa: "Algumas formas femininas podem não vingar e se revestirem de sentido pejorativo: *chefa*, *caba*, por exemplo".[100] A frequência de uso de formas da língua aumenta à medida que espaços são ocupados; para entrar na gramática um instrumento linguístico, a forma precisa ser recorrente. A regularidade da ocorrência, a frequência com que a associação ocorre, configuram a prototipicidade de gênero, e essa informação também está codificada na gramática. Se a sociedade é masculina e machista, a língua codifica esse sexismo.

MUNDO PARA ALÉM DO BINÁRIO, GRAMÁTICA TAMBÉM

Como vimos, enquanto em algumas línguas palavras como *mesa*, *cadeira* e *boneca* não têm gênero gramatical, ou são do gênero gramatical neutro, no português, elas precisam ter um gênero. Não porque *mesa*, *cadeira* e *boneca* tenham uma essência feminina, mas porque é um requisito gramatical para outros processos, como a concordância (como vamos ver mais adiante). Então, não é uma razão social, mas uma razão na gramática da língua que exige esse traço, que no português é binário: masculino ou feminino. Sem esse traço, ou com mudanças nesse traço, outros níveis de organização da língua são afetados, como também veremos mais à frente.

O gênero gramatical não é universal: no português as palavras *viagem*, *maquiagem* e *carruagem* são do gênero gramatical feminino; no espanhol, *viaje*, *maquillaje*, *carruaje* são do gênero gramatical masculino. Já *legume* e *costume* são masculinas em português, mas *legumbre* e *costumbre* são femininas em espanhol.

E, ainda, em uma mesma língua, a categoria gênero gramatical pode se manifestar de maneiras diferentes. No português, existem palavras de gênero único (uniformes), palavras de dois gêneros redundantes (biformes) e palavras de dois gêneros não redundantes (comuns de dois gêneros). São, hoje, de gênero único palavras como *mesa*, *cadeira*, *viagem*, *maquiagem*, *carruagem*, *legume*, *costume*, apenas entre os exemplos já citados. Não há razão para serem do gênero feminino ou masculino, nem é uma questão opcional; as palavras são assim por conta de uma necessidade de arranjo gramatical.

Há palavras cujo gênero gramatical mudou no decurso do tempo, como *planeta, cometa, tribo, ametista, hipérbole*,[101] e outras que tanto faz se são masculinas ou femininas, como *personagem, sentinela*, ou são vacilantes, mas masculinas, como *ágape*.[102]

Dentro da mesma língua, gênero gramatical também muda, e essa mudança está codificada na tradição gramatical. As regras para gênero aparecem nas primeiras gramáticas do português, se desdobram em tipologias e, depois, retornam ao princípio: em última instância, gênero é uma relação expressa pelo artigo (ou determinante).

Mas, em um dado momento, a prevalência de um gênero sobre outro emerge, como no plural de grupos mistos, e na associação a um gênero prototípico como nos nomes comuns de dois gêneros e nas profissões.

A expressão do gênero na língua recobre duas diferentes dimensões (ou polissemias) de gênero: a do gênero gramatical, uma forma de classificação de palavras, necessário e obrigatório; e a do gênero referencial, sexual, civil, identitário, que emerge em um subconjunto específico de recursos da gramática das línguas, o que se refere a pessoas ou entes sexuados.

Como requisito gramatical, pessoas precisam ter gênero gramatical, que não necessariamente terá relação com o sexo. No português brasileiro, as possibilidades de gênero gramatical são limitadas ao binário masculino e feminino. Além da dominância de gênero com o masculino genérico, seja na concordância em grupos mistos, seja na estereotipia de nomes comuns de dois gêneros, outra forma de dominação de gênero é a inexistência de um morfema específico para referência a pessoas que não se identificam nem com masculino nem com feminino. É nesse contexto que surgem outras formas para expressar a referência a quem não se identifica com o binário ou para expressar situações em que o gênero não precisa ou não pode ser especificado.

A não conformidade com as definições binárias de gênero que se refletem na organização gramatical da referência a pessoas marca o início de ondas de feminismo e movimentos LGBT+. O sexismo decorrente da prevalência de gênero se desdobra em vertentes, como a dominância de gênero com o masculino genérico e as estratégias de igualdade de representação e inclusão; a ausência de uma marca morfológica para codificar gênero gramatical de pessoas que não se identificam com o binário e as estratégias para expressão deste contexto; e identificação de gênero gramatical em situações em que a referência ao gênero sexual/social/civil das pessoas não é o foco.

Na constituição mútua de língua e sociedade, a resposta ao sexismo linguístico na expressão gramatical de gênero em referência a pessoas é a reconfiguração de regras, com a emergência de novas formas. Em algum momento, essas regras estarão codificadas nos instrumentos linguísticos, nas gramáticas.

Por que ainda não estão?

As gramáticas enquanto instrumentos linguísticos são feitas por pessoas, que não criam regras, e sim codificam as regras que estão no inconsciente coletivo de um dado grupo de pessoas. Para tanto, é preciso haver evidências recorrentes de uso nos recortes descritivos das gramáticas. Também, como o que aconteceu com as descrições a partir da explicação do morfema zero, gramáticas apresentam codificações de regras sob a ótica de concepções teóricas. Nem todas as regras são unívocas, na relação de um para um, há regras que são variáveis. E a variação abre espaço para a mudança. Hoje, neste momento, ainda não estão, mas, em algum momento, poderão estar. Em um intervalo de cinco anos, entre a 38ª e a 39ª edição de uma mesma gramática, a de Evanildo Bechara, houve o acréscimo de informações sobre gênero em contextos sociais bem específicos, como apresentado anteriormente.

As gramáticas também mudam, não talvez com a velocidade que desejamos, mas mudam à medida que novas regras se espraiam na sociedade e atingem a comunidade linguística a partir da qual as regras são codificadas. Vejamos a seguir a direção dessas mudanças em relação ao gênero.

Notas

[1] MOURA NEVES, Maria Helena de; CASSEB-GALVÃO, Vania (Orgs.). *Gramáticas contemporâneas do português:* com a palavra os autores. São Paulo: Parábola, 2014, p. 9.

[2] CÂMARA Jr., Joaquim Mattoso. *Estrutura da Língua Portuguesa*. Petrópolis: Vozes, 1975.

[3] TARALLO, Fernando. *Tempos lingüísticos*: itinerário histórico da língua portuguesa. São Paulo: Ática, 1990

[4] Com destaque em negrito, nomes masculinos, com destaque sublinhado, nomes femininos, e, em cor cinza, neutros. Este quadro foi constituído aos poucos. A primeira versão tomou como base o quadro

86 Não existe linguagem neutra!

apresentado à página 20 da *Gramática básica do Latim* (Furlan e Bussarello, 1997), bibliografia básica das três disciplinas de língua latina que cursei durante a graduação em Letras. Fui incorporando as palavras dos gêneros não predominantes, como *nauta* (masculino) na primeira declinação e *quercus* (feminino) na terceira declinação, retirados de Câmara Jr. (1975).

[5] MAURER, Teodoro Henrique. *Gramática do latim vulgar*. Rio de Janeiro: Livraria Acadêmica, 1959.

[6] ILARI, Rodolfo. *Linguística românica*. 3. ed. São Paulo: Ática, 2002.

[7] COUTINHO, Ismael de Lima. *Gramática Histórica*. Rio de Janeiro: Ao Livro Técnico, 1976, p. 229.

[8] Idem, p. 230.

[9] MAURER, op. cit.

[10] OLIVEIRA, Fernão. *Grammatica de linguagem portuguesa (1536)*. Imprensa Portugueza, 1831, cap. XLIIIV.

[11] BARROS, João de. *Grammatica da lingua portuguesa*. Olyssipone: Lodouicum Rotorigiu, Typographum, 1540, p. 22. Disponível em https://purl.pt/12148/1/index.html#/1/html. Acesso em: 25 fev. 2024.

[12] Idem, p. 23.

[13] TARALLO, op. cit., p. 138.

[14] BARBOSA, Soares. *Grammatica philosophica da lingua portugueza: ou principios da grammatica geral aplicados à nossa linguagem (1822)*. 5. ed. Lisboa: Typ. da Academia das Sciencias, 1871, p. 86. Disponível em: https://bibdig.biblioteca.unesp.br/bitstreams/12d1ccb7-67d1-4ca1-b8e4-3ebcb19445fd/download. Acesso em: 25 fev. 2024.

[15] Idem, p. 86.

[16] Idem.

[17] Idem, p. 91.

[18] SAID ALI, Manoel. *Gramática histórica da língua portuguesa.* 7. ed. Rio de Janeiro: Melhoramentos, 1971, p. 61.

[19] Idem, p. 62.

[20] BAKER, Roger. *Drag*: a History of Female Impersonation in the Performing Arts. New York: New York University Press, 1994.

[21] SAID ALI, op. cit., p. 62.

[22] Idem, p. 64.

[23] LUFT, Celso Pedro. *Moderna gramática brasileira*. Porto Alegre: Globo Livros, 1986.

[24] GIVÓN, Talmy. *Functionalism and grammar*. Amsterdam/Philadelphia: John Benjamins Publishing, 1995.

[25] Idem, p. 25.

[26] FREITAG, Raquel Meister Ko. Saliência estrutural, distribucional e sociocognitiva. *Acta scientiarum. Language and culture*, v. 40, n. 2, 2018.

[27] CÂMARA Jr., 1975, op. cit., p. 75.

[28] Idem, p. 74.

[29] Idem, p. 77.

[30] CÂMARA Jr., Joaquim Mattoso. *História e estrutura da língua portuguesa*. Petrópolis: Vozes, 1977, p. 82.

[31] CUNHA, Celso; CINTRA, Lindley. *Nova gramática do português contemporâneo*. 7. ed. Rio de Janeiro: Lexikon, 2017, p. 203.

[32] AZEREDO, José Carlos de. *Gramática Houaiss da Língua Portuguesa*. São Paulo: Publifolha, 2008, p. 139.

[33] Idem, p. 159, grifos do original.

[34] MIRA MATEUS, Maria Helena de; BRITO, Ana Maria, DUARTE, Inês Silva; FERREIRA, Isabel. *Gramática da língua portuguesa*. Lisboa: Livraria Almedina, 1983.

[35] MOURA NEVES, op. cit.

[36] CÂMARA JR., 1975, op. cit., p. 78.

[37] Idem, p. 77.

[38] Idem, p. 79.

[39] AZEREDO, op. cit., p. 158-159.

[40] A *Moderna gramática portuguesa*, de Evanildo Bechara, foi publicada pela primeira vez em 1961. A última edição, a 39ª, foi publicada em 2019. A edição base de consulta foi a 37ª, de 2009. A parte de gênero nestes 10 anos sofreu acréscimos na forma de observações, que tratam especificamente de nomes de profissões no feminino, incluindo *presidenta*. Essas observações são retomadas mais à frente.

Gênero na tradição gramatical **87**

[41] BECHARA, Evanildo. *Moderna gramática portuguesa*. 37. ed. Rio de Janeiro: Nova Fronteira, 2009, p. 133.

[42] CÂMARA JR., 1977, op. cit., p. 78.

[43] Fonte: https://tvuol.uol.com.br/video/ministro-sergio-moro-fala-conje-em-vez-de-conjuge-e-vira-meme-0402CD1B3962CCB16326. Acesso em: 25 fev. 2024.

[44] ALMEIDA, Napoleão Mendes de. *Gramática metódica da língua portuguesa*. 46. ed. São Paulo: Saraiva, 1998, p. 98.

[45] CÂMARA JR., 1977, op. cit., p. 79.

[46] Idem.

[47] Idem.

[48] Idem, p. 71.

[49] Idem, p. 79.

[50] BECHARA, 2009, op. cit., p. 132.

[51] Idem, p. 136.

[52] AZEREDO, op. cit., p. 161.

[53] Idem.

[54] Idem.

[55] PERINI, Mário A. *Gramática do português brasileiro*. São Paulo: Parábola, 2010, p. 183.

[56] CÂMARA JR., 1977, op. cit., p. 79.

[57] ALMEIDA, op. cit., p. 102.

[58] CÂMARA JR., 1977, op. cit., p. 79.

[59] VILLALVA, Alina. *Estruturas morfológicas*: unidades e hierarquias nas palavras do português. Lisboa: FCG/FCT, 2000, p. 219.

[60] CUNHA; CINTRA, op. cit.

[61] BECHARA, 2009, op. cit.

[62] AZEREDO, op. cit., p. 161.

[63] MOURA NEVES, op. cit.

[64] Na novela que se passa em Mato Grosso do Sul, "o soja" tem sido a variante usada, em vez de "a soja". Disponível em https://midiamax.uol.com.br/cotidiano/2023/o-soja-termo-masculino-em-terra-e-paixao-tem-referencia-historica-mas-nao-e-famoso/. Acesso em: 25 fev. 2024.

[65] BECHARA, 2009, op. cit., p. 139.

[66] MOURA NEVES, op. cit., p. 155.

[67] AZEREDO, op. cit., p. 162.

[68] CUNHA; CINTRA, op. cit., p. 211.

[69] BARROS, op. cit.

[70] CUNHA; CINTRA, op. cit., p. 203.

[71] Idem, p. 204.

[72] CÂMARA JR., 1977, op. cit., p. 81.

[73] Idem, p. 203.

[74] Nomes de pessoas e a quantidade no Brasil, segundo o Censo de 2010, disponível em: https://censo2010.ibge.gov.br/nomes/#/search/response/890. Acesso em: 25 fev. 2024.

[75] PEREIRA, Déreck Kássio Ferreira; SILVA, Claudia Roberta Tavares. A realização de artigo feminino diante de antropônimo masculino: uma análise sociolinguística sobre o sentimento de inclusão. *Revista de Estudos da Linguagem*, v. 31, n. 2, p. 616-635, 2023.

[76] CASTILHO, op. cit.

[77] ILARI, Rodolfo. *Palavras de classe aberta*: gramática do português culto falado no Brasil. São Paulo: Contexto, 2014.

[78] BECHARA, 2009, op. cit., p. 545.

[79] Idem.

[80] FREITAG, Raquel Meister Ko. Conflito de regras e dominância de gênero. In: BARBOSA FILHO, Fábio; OTHERO, Gabriel. *Linguagem "neutra"*: língua e gênero em debate. São Paulo: Parábola, 2022, p. 53-72. [adaptado].

[81] GYGAX, Pascal et al. Generically intended, but specifically interpreted: When beauticians, musicians, and mechanics are all men. *Language and cognitive processes*, v. 23, n. 3, p. 464-485, 2008.

[82] MATOS, João Soares Gonçalves de. *Poderá uma língua natural ser sexista?* Avaliação do impacto de informação gramatical e de estereótipos de género na compreensão de enunciados com sujeitos masculinos

genéricos em Português Europeu. Lisboa, 2020. Dissertação (Mestrado em Ciências da Linguagem) – Universidade Nova de Lisboa, 2020.

[83] BECHARA, Evanildo. *Moderna gramática portuguesa*. 39. ed. Rio de Janeiro: Nova Fronteira, 2019, p. 192.

[84] TAJFEL, Henri. Social psychology of intergroup relations. *Annual Review of Psychology*, v. 33, n. 1, p. 1-39, 1982, p. 161.

[85] PINHEIRO, Bruno Felipe Marques; FREITAG, Raquel Meister Ko. Estereótipos na concordância de gênero em profissões: efeitos de frequência e saliência. *Revista Linguíftica*, v. 16, n. 1, p. 85-107, 2020.

[86] Idem., p. 26.

[87] SCHWINDT, Luiz Carlos da Silva. Sobre gênero neutro em português brasileiro e os limites do sistema linguístico. *Revista da ABRALIN*, v. 19, n. 1, p. 1-23, 2020a.

[88] Não foram apresentados valores absolutos nas tabelas, nem foram realizados testes de independência e associação, o recálculo foi feito com as informações percentuais disponibilizadas. Um teste de independência apenas entre os nomes uniformes para observar a relação entre o gênero e o tipo de fonte de dados mostrou que a relação entre as duas variáveis não é estatisticamente significativa $\chi2$ $(1, N = 20540) = 0,0034$, $p = 0,95$.

[89] SCHWINDT, 2020a, op. cit., p. 286. [adaptado].

[90] Um teste de independência apenas entre os nomes sexuados para observar a relação entre o gênero e o tipo de fonte de dados mostrou que a relação entre as duas variáveis é estatisticamente significativa $\chi2$ $(1, N = 1246) = 7,9493$, $p > 0,05$.

[91] Elaborado a partir do gráfico 8 de SCHWINDT, 2020a, op. cit, p. 291.

[92] SCHWINDT, 2020a, op. cit., p. 279.

[93] GIORA, Rachel. *On our mind:* Salience, context, and figurative language. Oxford: Oxford University Press, 2003.

[94] GARNHAM, Alan; OAKHILL, Jane; REYNOLDS, David. Are inferences from stereotyped role names to characters' gender made elaboratively? *Memory & Cognition*, v. 30, n. 3, p. 439-446, 2002.

[95] PINHEIRO; FREITAG, op. cit.

[96] BECHARA, 2019, op. cit., p. 192.

[97] PODEROSO, Emília Silva. *Condições de existência da mulher na polícia militar:* reconhecimento institucional e social. 2023. Tese (Doutorado em Psicologia) – Universidade Federal de Sergipe, 2023.

[98] BECHARA, 2009, op. cit., p. 134.

[99] AZEREDO, op. cit., p. 161.

[100] BECHARA, 2009, op. cit. p. 134.

[101] SAID ALI, op. cit.

[102] CUNHA; CINTRA, op. cit.

MUDANÇAS NA SOCIEDADE, MUDANÇAS NA LÍNGUA

Logo após a posse do presidente Lula, em 2023, a mídia destinou expressiva atenção ao uso de *todes*:

- Governo Lula adota pronome neutro 'todes' em eventos; ministra tem projeto contra linguagem neutra[1]
- 'Todes': saiba o que é a linguagem neutra usada em eventos do governo Lula[2]
- 'Todos, todas e todes': criticada na gestão Bolsonaro, linguagem neutra é usada em posses de ministros de Lula[3]
- 'Todos, todas e todes': uso de linguagem neutra por novo governo gera debate nas redes[4]

Não com o mesmo alarde que fez com o livro didático em 2011, a imprensa se importou com o "todas, todos e todes" presente nos cumprimentos de um novo governo. No discurso de posse do presidente Lula e do vice-presidente Geraldo Alckimin, o ministro das Relações Institucionais, Alexandre Padilha, cumprimentou o público proferindo o "boa tarde a todas, a todos e a todes".

Posteriormente, as mesmas saudações foram usadas na posse da ministra da Cultura, da ministra da Mulher, da ministra da Igualdade Racial, do ministro da Fazenda, do ministro dos Direitos Humanos e Cidadania, do secretário-geral da Presidência da República e do secretário das Relações Institucionais da Presidência da República. Recentemente, a ministra da Saúde, Nísia Trindade, também passou a adotar "todas, todos e todes".

Se a pergunta que inquieta a sociedade quando de uma criança vir ao mundo é se é menino ou menina, a pergunta que inquieta jornalistas quando perguntam sobre as questões de gênero na língua é quando elas entrarão na gramática. O túnel do tempo da mudança linguística de Tarallo vai para trás e volta ao presente.[5] A sociedade anseia por um túnel do tempo que vá para o futuro: o que vai acontecer com a língua?

As agendas identitárias têm levado a mudanças na sociedade brasileira que também ocorrem no nível linguístico, com os movimentos pela linguagem inclusiva e pela linguagem neutra, que almejam igualdade, inclusão e diversidade de gênero, respeito à identidade e a visibilidade de minorias e grupos marginalizados quanto ao gênero.

De um ponto de vista sociolinguístico, a emergência de novas formas no sistema da língua, assim como a mudança de regras, demanda descrição de usos, em perspectivas: 1) da produção linguística, cujos resultados podem revelar os grupos que impulsionam essa mudança linguística, bem como os movimentos de regularização no sistema; 2) da percepção linguística, cujos resultados podem revelar a posição das pessoas acerca dessas novas marcas no sistema linguístico; e 3) societal, cujos resultados podem revelar a ideologia linguística subjacente às manifestações institucionais acerca da emergência das marcas e de seu uso.

Como prega Tarallo, é preciso escavar com um quadro teórico e metodológico consistente e de objetivos (o que escavar) e hipóteses (como escavar).[6] No entanto, no estado atual do processo de mudança, neste momento, do ponto de vista empírico, com dados autênticos, as pistas para o desvelamento do processo são mais de natureza indireta, lidando com percepção e apreciação societal, do que necessariamente a produção de fato. Não vamos escavar, mas vamos raspar ao máximo o que for possível para juntar evidências que mostram que o português brasileiro está passando por um momento de menor estabilidade, com a regra de uma hegemonia, o masculino genérico, sendo ameaçada por outras regras, a regra da neutralização de gênero e a regra de inclusão de gênero.

Precisamos delimitar as forças que direcionam as mudanças na codificação do gênero, os movimentos por linguagem não sexista, linguagem inclusiva de gênero e linguagem neutra. Os efeitos dessas forças geram mudanças deliberadas, orgânicas e encaixadas, assim como mudanças impostas, na forma de manuais e leis.

FORÇAS DA MUDANÇA

A língua enquanto sistema dinâmico se equilibra em períodos de menor ou maior estabilidade, moldada por forças. A expressão de gênero gramatical no português tem sido tensionada por pelo menos três forças externas, a do movimento pela linguagem não sexista, pela linguagem inclusiva e pela linguagem neutra.

Linguagem não sexista

A linguagem não sexista refere-se a um conjunto de ações para tirar o foco do masculino genérico, não apenas no português brasileiro, mas em várias outras línguas. São usadas expressões que fazem referências genéricas sem usar o recurso de gênero gramatical que direciona para o masculino genérico.

Em 1996, a Unesco publicou *Redação sem discriminação: pequeno guia vocabular com dicas para evitar as armadilhas do sexismo na linguagem corrente*, com tradução para o português, espanhol e inglês, que sugere estratégias de escrita sem alteração na grafia e sem recair na forma binária.[7] Em cenário nacional, o *Manual para uso não sexista da linguagem*, elaborado pelo Governo do Estado do Rio Grande do Sul, em 2014, orienta a revisão da linguagem internalizada na administração e apresenta possibilidades de construções inclusivas com o objetivo de promover "a transição para um outro modelo de tratamento linguístico, com maior visibilidade das mulheres e onde o uso do masculino não continue a legitimar a ideia já ultrapassada de superioridade de sexo".[8]

Uma das formas propostas por este manual é, quando em referência a pessoas, a substituição de substantivos no masculino por outros que reportem conjunto ou grupos de pessoas, ou que expressem a noção de coletividade sem especificar o gênero. Alguns exemplos: em vez de usar de "os meninos", usar "as crianças" ou "a infância"; em vez de "os homens", usar "a população" ou "o povo"; em vez de "os cidadãos", "a cidadania"; em vez de "os filhos", "a descendência" ou "a prole"; em vez de "os trabalhadores", "o pessoal"; em vez de "os professores", "o professorado" ou "o corpo docente"; em vez de "os eleitores", "o eleitorado"; em vez de "os jovens", "a juventude"; em vez de "os homens", "a humanidade". Outra proposta é substituir a pessoa pela ação, em vez de "o requerente", "a pessoa requisitante".

Quadro 5 – Resumo de recomendações para comunicação não sexista[9]

A – Não usar formas sexistas ou androcêntricas. Tornar visíveis as mulheres e, portanto, não usar o masculino como genérico (o masculino é masculino, não é genérico).

B – Quando se fizer uma oferta de emprego, deve aparecer o feminino e o masculino. Preferentemente, como uma **ação positiva**, colocar sempre primeiro o feminino e, depois, o masculino.

C – Enquanto a linguagem continuar carregada de estereótipos, não convém dissimular a visibilidade das mulheres. Por isso é importante evitar as barras diagonais: "oferece-se trabalho a costureira/o". Não se devem usar parênteses "buscamos um(a) advogado(a)". Nesse mesmo sentido é preciso eliminar os símbolos que não são legíveis ou que não são verdadeiramente representação do feminino: querid@s amig@s ou todxs juntxs.

D – Quando usamos o feminino, os textos são muito mais claros e entendíveis. Se nos custa muito tempo ou trabalho nomear em feminino e masculino, o que recomendamos é que se usem palavras abstratas ou genéricas: "o pessoal docente", "a assessoria legal", "a comunidade hospitalar", "a vizinhança", etc. no caso que se queira fazer uma referência coletiva aos dois sexos

Outro exemplo de iniciativa do setor público brasileiro para a implantação de uma linguagem não sexista é do Tribunal Superior Eleitoral, que publicou o *Guia de linguagem inclusiva para flexão de gênero: aplicação e uso com foco em comunicação social*,[10] em 2021, para atender à Resolução nº 376/2021 do Conselho Nacional de Justiça, que dispõe sobre o emprego obrigatório da flexão de gênero para nomear profissão ou demais designações na comunicação social e institucional do Poder Judiciário nacional.[11] Embora rotulada como linguagem não sexista, o alinhamento de gênero é específico, voltado para a "visibilidade das mulheres", como ilustrado no item C do Quadro 5.

Do ponto de vista linguístico, a linguagem não sexista promove um efeito em direção ao não usar do masculino genérico que está no domínio da escolha estilística, e não da seleção gramatical.

A manipulação de recursos gramaticais permite a construção de pontos de vistas diferentes; uma das estratégias gramaticais para mudar pontos de vista é a alternância entre voz ativa e voz passiva. A configuração gramatical em manchetes de reportagens de portais de notícias pode influenciar na construção de representações sociais. Em uma manchete como "Mulher é agredida na frente dos filhos", a voz passiva (*mulher é agredida*), em contraposição à voz ativa (*alguém agride a mulher*) coloca a vítima do episódio de violência em posição de tópico, sendo a única em evidência, já que o agente da passiva é omitido. Tanto no título principal quanto no subtítulo, não há informação que faça referência ao sujeito agente da ação de violência. A manchete não chama a atenção para a autoria do crime, afastando o ator social (agressor) de sua atividade (agressão). Sua representação foi suprimida justamente no elemento da notícia que atrai a leitura imediata (a manchete). Somente ao final do texto da notícia é que aparece o agressor em posição temática.

O uso da voz passiva é uma escolha linguística relativa à organização do conteúdo que enfraquece a narrativa da violência contra a mulher, tirando o foco do agressor ou até mesmo omitindo-o. Construções gramaticais específicas são utilizadas com objetivos específicos: no caso das notícias sobre violência contra a mulher, o modo como a narrativa é construída omite os agressores. A voz ativa alça a tópico quem praticou a ação, e não quem sofreu a ação. Em um estudo sobre manchetes jornalísticas de crimes de violência contra mulher, a voz ativa é usada primordialmente nas manchetes que falam da ação de policiais, de entidades da justiça ou até mesmo de instrumentos, como vídeos. Nas referências a vítimas e agressores, principais elementos de uma narrativa sobre violência contra a mulher, prevalece o uso da voz passiva.[12]

O uso da voz passiva ocorre quando o sujeito da oração sofre uma ação; é uma estratégia de mudança da proeminência informacional. A maior parte das manchetes das notícias analisadas dá ênfase ao agressor, mas, ao mesmo tempo, a maior parte dessas manchetes faz referências ao agressor por meio do uso da voz passiva, de modo que ele não é representado na maioria dos casos como agente de uma ação, mas, sim, como aquele que sofre uma ação dentro de determinado contexto.

A manutenção da violência contra a mulher está atrelada, entre outros fatores, à difusão de representações sociais que reforçam a cultura de dominação masculina, que, por sua vez, é resultado de escolhas linguísticas, tanto de conteúdo como de organização. A escolha por uma determinada estratégia de representação de um ator social, mobilizando recursos gramaticais específicos, é resultado do fenômeno das representações sociais e, ao mesmo tempo, contribui para a repercussão destas. Representações sociais são construídas. O envelopamento sintático das manchetes de crimes de violência contra mulher que não coloca em evidência o agressor, mas, sim, a vítima, direciona um processo de atribuição de sentidos que torna familiar mulheres serem vítimas; a omissão do agente da passiva abranda a agressão e apaga agressor. Do ponto de vista linguístico, esse é o resultado do emprego da voz passiva e não da voz ativa. Recursos gramaticais podem contribuir para a manutenção do sexismo da sociedade. Daí as premissas do movimento por linguagem não sexista.

As recomendações mobilizam recursos gramaticais já disponíveis no sistema, como a de recorrer a nomes comuns de dois gêneros, hiperônimos, uso de formas desinenciais para referência ao sujeito em vez de sujeito expresso, voz passiva, orações adjetivas. Nesse movimento, não há inovações na língua, nem há usos que não são abonados pela tradição gramatical. No entanto, essas escolhas desencadeiam mudanças em outros domínios, como veremos mais à frente.

Linguagem inclusiva

O movimento por linguagem inclusiva busca a representatividade de grupos discriminados e invisibilizados, como por capacitismos, por origem étnica, por gênero, provendo a inclusão pela linguagem. A Secretaria de Comunicação do Congresso Nacional (Secom), em seu manual de comunicação, tem uma seção específica para linguagem inclusiva. Em relação ao gênero, "deve prevalecer como a pessoa reconhece e percebe a si mesma".[13]

Nas situações em que a referência ao gênero de pessoas é ampliada, em um processo de referência ao coletivo da categoria, sem indicação específica ao gênero, configurando uma situação de referência generalizada, em vez do uso do masculino genérico, são listados os gêneros em forma redundante.

Enquanto a proposta da linguagem não sexista é substituir o masculino genérico, como *meninos*, por um hiperônimo sem referência ao gênero, como *crianças*, a proposta de uma linguagem inclusiva é explicitar os gêneros. A explicitação de gênero envolve expedientes como a formação de sintagmas nominais coordenados, *menino e menina*, ou a inserção de expedientes para dar pistas de outros gêneros alternativos, como /, ( ) ou como em *menino/a*, *menino(a)*, *menino.a*. Estes últimos recursos funcionam na escrita, mas não na fala, o que gera impactos na difusão, ou mesmo conflito com outras direções de movimentos, como o de linguagem não sexista, que recomenda evitar esse tipo de artifício. Tanto o uso em sintagmas coordenados como o uso de sinais gráficos para incluir gênero são estratégias que interferem na organização gramatical e no processamento linguístico.

Há um projeto de lei federal, aguardando para entrar em pauta em votação ordinária, que trata de linguagem inclusiva nas comunicações oficiais. Em linhas gerais, o projeto propõe que toda referência à mulher deve ser feita expressamente no gênero feminino, ou, mais especificamente, quando "'homem(ns)' estiver se referindo a pessoas de ambos os sexos, deverá ser empregada a forma inclusiva 'homem(ns) e mulher(es)'".[14] Esse PL foi tramitado em todas as instâncias exigidas, mas nunca foi colocado em votação. Outros dois projetos que tratam da mesma matéria foram apresentados à Câmara, o PL nº 6.653/2009[15] e o PL nº 3.756/2015.[16]

A inclusão de gênero na comunicação oficial também não é novidade, pois ainda na década de 1980 o presidente José Sarney cumprimentava "brasileiros e brasileiras" nos seus pronunciamentos. Talvez a novidade seja a inclusão de uma forma linguística emergente para referir quem não se identifica com o binário, como a forma "todes", no uso coordenado.

Se, como apregoa a Secom, "deve prevalecer como a pessoa reconhece e percebe a si mesma",[17] as formas de referência a gênero para além do binário emergem na gramática. Esse movimento tem acontecido em diferentes línguas, em diferentes direções, que serão detalhadas no próximo capítulo, na seção "Forças da mudança".

Linguagem neutra

Sob o rótulo de linguagem neutra, estão escopadas pelo menos duas direções de movimentos. Uma direção é a que leva à emergência de formas linguísticas para expressar gênero para além do masculino e feminino, buscando alternativas para o não binarismo. E a outra direção é a que busca uma forma de neutralidade de gênero, para não referir à categoria gênero.

O gênero com referência a pessoas é mais ou menos gramaticalmente saliente em diferentes línguas, e pode aparecer em diferentes arranjos gramaticais. Há línguas em que o gênero é expresso nos pronomes, mas não nos substantivos, como inglês e norueguês. Em outras línguas, o gênero expresso nos pronomes e nos substantivos, no francês e no português. E há ainda línguas em que nem substantivos nem pronomes expressam gênero, como finlandês e turco.

No português, gênero, enquanto categoria gramatical com referência a pessoas, além do gênero lexical (homem, masculino, mulher, feminino), é expresso por pronomes (*elas* foram passear no parque *vs. eles* foram passear no parque), nos determinantes (*as/aquelas* estudantes *vs. os/ aqueles* estudantes) e na morfologia dos nomes (*as* menin*as* bonit*as vs. os* menin*os* bonit*os*).

Enquanto gramaticalização da referência a pessoas na língua, a categoria dos pronomes tem realizações bastantes diversas nas línguas no mundo. Enquanto há línguas com um único pronome, como *o* no turco, ou *dia* em indonésio, que não distingue gênero, outras línguas, como o inglês e o sueco, que têm sistemas pronominais que marcam gênero, desenvolveram um pronome que não faz referência ao gênero, *they* e *hen*. Outras línguas, como espanhol, francês e alemão, que também têm sistemas pronominais que marcam gênero, estão passando por processo de desenvolvimento de pronomes sem referência ao gênero, como *elle* no espanhol, *ille/iel* no francês, e *sier/xier* no alemão. O português brasileiro é uma língua que ainda está descobrindo suas possibilidades: manuais de linguagem neutra apresentam propostas como *ilu, elu, êlu, el, ile, ili, éle, êla,* dentre outras. No nível da flexão de gênero, formas emergentes têm sido propostas, como *x, @, e.*

Enquanto em outras línguas já há um conjunto de estudos sobre a emergência de uma terceira marca além de masculino e feminino, no português brasileiro ainda há poucos estudos empíricos, restritos a contextos específicos. Por exemplo, para mostrar usos empíricos da emergência de *êla*, Danniel Carvalho se vale de registros em redes sociais

(Desciclopedia, postagem na rede Instagram e Yahoo Respostas).[18] Diovana Baldez desenvolve um estudo quantitativo das formas em situações de uso real, ainda que restrito a uma rede social, o Twitter (agora denominado X), e a três participantes.[19] Denominado de expressão de gênero neutro, o estudo considerou a forma -*e* em nomes e pronomes. Embora reconheça outras possibilidades de expressão, como u, x e @, a omissão (como em *amg* em vez de *amigo / amiga / amigue*), e formas coordenadas *amigos e amigas*, *todas e todos* não foram consideradas como variantes. Quanto aos pronomes, ela organiza um quadro a partir das diferentes propostas apresentadas nos manuais que pregam linguagem neutra.

Quadro 6 – Possibilidades de pronomes não binários[20]

Português padrão	Sistema ELU	Sistema ILU	Sistema ILE	Sistema EL
Ele/ela	Elu	Ilu	Ile	El
Dele/dela	Delu	Dílu	Díle	Del
Meu/minha	Mi/minhe	Mi/minhe	Mi/minhe	Mi/minhe
Seu/sua	Su/sue	Su/sue	Su/sue	Su/sue
Aquele/aquela	Aquelu	Aquelu	Aquile	Aquel
Artigo o/a	Le	Le	Le	Le

A coleta dos dados ocorreu em uma janela de seis meses, segundo semestre de 2020, totalizando "3.446 ocorrências de substantivos, adjetivos e pronomes com marcação de gênero masculina, feminina ou neutra por morfema, as quais apresentam como referente seres humanos",[21] dos quais cerca de 15% são da variante gênero neutro. A restrição da amostra, tanto em número de participantes como em segmento (o perfil desses participantes e o tipo de registro, escrito em rede social) permite poucas generalizações sobre o uso.

Os poucos estudos, restritos a dados de escrita em redes sociais, não permitem generalizações sobre regras, mas nos permitem inferir qual ou quais são as regras que regem as formas emergentes. Além da regra do uso do masculino genérico para situações em que a referência ao gênero de pessoas é ampliada, em um processo de referência ao coletivo da categoria, sem indicação específica ao gênero, configurando uma situação de referência generalizada, outras regras podem ser inferidas, como as regras de gênero inclusivo e de gênero neutro. A regra do gênero genérico está representada em (1) na Figura 3.

Na regra de gênero inclusivo, quando há a referência a um grupo misto de pessoas quanto ao gênero, em uma perspectiva binária, em (2), ou não binária, em (3), o grupo é referido por todos os gêneros que o compõem, com a expressão redundante de gênero por sintagmas coordenados.

Na regra do gênero neutro, em (4), a premissa é a da não identificação do grupo por gênero, com o uso de uma forma não binária para não se referir nem ao masculino, nem ao feminino.

Figura 3 – Regras de gênero[22]

(1) Masculino genérico

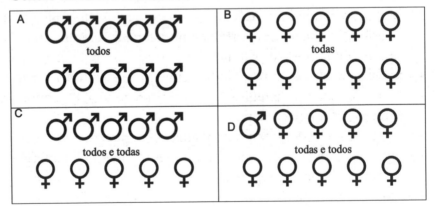

(2) Gênero inclusivo redundante

(3)   Gênero não binário

(4)   Gênero neutro

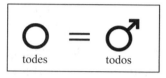

Podemos, ainda, identificar dois padrões de uso para a emergência das formas não binárias. Em um padrão, essas formas expressam gênero não binário, como em (3). Em outro padrão, em (4), essas formas expressam gênero neutro. Vejamos estes usos em uma interação retirada do X (ex-Twitter), cujo tema era a nova temporada de *Just like that*, série que tinha uma personagem não binária (Che), com o uso de pronome *they* no original em inglês, traduzido para *elu/delu* na versão legendada.[23]

- Imagina você ter um relacionamento com alguém, confiar na pessoa e depois ela fazer piada de você. E não interessa que a relação acabou.
- Eu ainda nem vi o último episódio mas sinceramente eu não tô aguentando mais Che. Sinceramente eu sinto que elu já passou da idade de ser assim tão obtuse com os sentimentos das pessoas com quem elu se relaciona e como elu afeta essas pessoas
- sim, amiga!!! nunca gostei do relacionamento delu com Miranda, porque foi sempre isso: Miranda tendo que ser a compreensiva da relação em todas as circunstâncias. Che age como se estar passando por um momento difícil fosse aval pra ser cretine com a companheira

A partir dos usos na interação reportada, podemos inferir que os pronomes *elu/delu* e o *-e* em cretin*e* se referem a formas de referência a não binário, regra (3). A personagem em questão se identifica como pessoa não binária. Se a regra assumida fosse a do gênero neutro, regra (4), o pronome para retomada de *pessoa* seria *elu*, o que não ocorreu, sendo retomado por *ela*.

Por ser uma mudança incipiente, com usos limitados e em contextos restritos, podemos assumir que se trata de um período de menor estabilidade, em que a regra ainda está se modelando. Entender a organicidade deste processo demanda conhecimentos mais específicos sobre mudança linguística e o processamento das regras variáveis.

MUDANÇAS ORGÂNICAS

A variação e a mudança são inerentes às línguas. Onde há língua em uso, há variação. E onde há variação, pode haver mudança. No ensaio programático do campo da sociolinguística, *Fundamentos empíricos para uma teoria da mudança linguística*, Uriel Weinreich, William Labov e Marvin Herzog esboçam uma lista de cinco problemas que uma teoria de mudança linguística deveria prover respostas: os correlatos subjetivos da mudança, ou problema da avaliação, a correlação com a estrutura social e com o sistema linguístico, ou problema do encaixamento, o percurso das mudanças nos subgrupos sociais, ou problema da transição, a difusão da mudança nos grupos sociais, ou problema da implementação, e a ordenação ou influência de significados sociais, ou problema das restrições.[24]

Na emergência de formas de referência ao gênero, sejam as formas não binárias, sejam as formas de expressão de redundância, como /, ( ), ., ou a coordenação de gênero, o problema da avaliação tem sido frequentemente evocado em termos do nível de consciência e saliência da regra. Não se pode negar que há uma avaliação social fortíssima, tanto positiva como negativa, que se manifesta na forma de instrumentos prescritivos e projetos leis.

No entanto, a maior parte das variações que acontecem em uma língua não estão no nível da consciência. Algumas variações resultantes de mudanças profundas no sistema da língua sequer são percebidas, como é o caso do preenchimento do sujeito no português brasileiro.[25] Já outras variações sutis no sistema levam a um alto grau de monitoramento. Por que percebemos algumas variações e outras, não? Um campo de estudos emergente que tem se dedicado a essa questão é o do processamento da variação linguística, cujo foco não é a descrição da regra (como as pessoas efetivamente usam linguagem neutra ou gênero neutro), mas como as pessoas entendem essa regra.

A distinção entre mudança com consciência social e mudança sem consciência social se refere a diferentes pontos de partida para a difusão de inovações linguísticas dentro da hierarquia social. Essa é a proposta de Labov: mudanças com consciência social emergem em estilos mais formais e nos extremos mais altos da hierarquia social.[26] Mudanças sem consciência social emergem nos extremos mais baixos da hierarquia social. Decorrente disso, as variáveis sociolinguísticas são tipificadas em estereótipos, que apresentam comentários explícitos sobre o uso; marcadores, que mostram estratificação social e sensibilidade ao contexto; e indicadores, que estão correlacionados com estratificação social, mas diferentemente dos anteriores, estão abaixo do nível de consciência social.

Essas distinções não dão conta de todas as situações, pois as pessoas fazem diferentes avaliações conscientes e inconscientes sobre diferentes variedades linguísticas, tanto variedades dialetais quanto variedades com interferência de outra língua. James Hawkey propõe uma classificação de mudanças baseada em três eixos: um eixo é a capacidade da variante ser objeto de comentários metalinguísticos (o que separa estereótipos de marcadores e indicadores), outro eixo é a identificação de prestígio explícito da variante em questão. E o terceiro eixo é o do planejamento, se uma variável é objeto de planejamento explícito, é marcada com o traço.[27]

- +/–comentários metalinguísticos – quanto as pessoas estão conscientes e/ou conscientes de uma determinada variável linguística;
- +/–prestígio aberto – algumas mudanças linguísticas replicam variáveis que têm alto prestígio linguístico, enquanto outras, não;
- +/–planejado – se um fenômeno é explicitamente planejado por um corpo, agência ou ideologia, então ele é considerado + planejado.

As variantes emergentes para a expressão de gênero não binário e gênero redundante são [+comentários metalinguísticos] e [+ planejado]. As pessoas comentam, expressam opiniões sobre as variantes, fazem memes e piadas, tanto com gênero não binário como com gênero redundante. Apenas três exemplos de comentários metalinguísticos, com polaridade negativa:

(1) "Todos: pronome INDEFINIDO, logo não defini [sic] ninguém e portanto generaliza, inclui. Sou professor e digo : TODES é ridículo !"[28]

102 Não existe linguagem neutra!

(2) "A mera expressão 'Bom dia a todos' não me agride como mulher, já que o masculino no português é genérico."[29]

(3) "Deve ser um problema geracional, mas sempre que ouço alguém dizer 'todos e todas' ou 'câmara de deputados e deputadas', desligo o vídeo ou áudio – e tento não voltar mais..."[30]

Os três comentários expressam opinião sobre a língua, o primeiro deles em relação à forma não binária, os outros dois em relação a outras formas que não sejam o masculino genérico. Do mesmo modo, há comentários metalinguísticos com polaridade positiva; no entanto, eles não aparecem nos mesmos lugares que os comentários negativos.

O traço [+ planejamento] decorre do que mais à frente será tratado como manualização do gênero e das propostas de projetos de lei. É interessante destacar este ponto porque um dos equívocos que tem sido propalado, com argumentos supostamente baseados em teorias linguísticas, é de que as mudanças no campo da expressão do gênero, seja não binário, seja redundante, não seriam naturais.

(4) Linguagem neutra eh falada por um grupo social (cada grupo social fala de uma forma). A lingua padrao existe para que todos os grupos sociais entendam. O problema é querer colocar a lingua neutra dentro da língua padrão. Aaaaa ! mas a língua muda com o tempo, etc.... é verdade, mas essa mudança vem de forma natural, orgânica.[31]

Mudanças deliberadas também são naturais, pois se espraiam pelo sistema. Por exemplo, instrumentos linguísticos, como as gramáticas normativas, atuam barrando a deriva da língua no sentido de sinalizar para a conservação de usos e manter proximidade de alinhamento com uma norma-padrão. Se não fosse por isso, o processo de perda da concordância de número no português estaria muito mais avançado, a ponto de não haver mais plural em todos os elementos do sintagma. A cultura escolar, amparada nos instrumentos linguísticos, é uma ação deliberada para mudar comportamentos linguísticos. Um exemplo de mudança deliberada "bem-sucedida" é o pronome *hen* no sueco, que foi introduzido como forma para referência não binária para pessoas não binárias, mas também funciona como uma forma genérica no singular, e consta no *Swedish Academy Glossary*, o equivalente ao nosso Volp, desde 2015.[32]

Sobre a emergência das formas para não binário, Luiz Schwindt busca evidências da espontaneidade, naturalidade e produtividade, com uma discussão importante para o problema das restrições.[33] Como o gênero é obrigatório no nível dos substantivos, e sendo binário, intuitivamente com as palavras associadas com -*o* para masculino e -*a* para feminino, no domínio da morfologia, a busca por formas candidatas à expressão do não binário envolve desvelar as possibilidades do sistema da língua. É assim que emerge o uso de @ (tod@s), símbolo que se tornou comum com a internet comercial, mas que, especialmente a partir dos anos 2000, passa a ser usado como forma para não referir gênero feminino ou masculino na escrita. A partir dos anos 2010, a forma *x* começa a emergir, também na escrita. Ambas as formas são conceitualmente bastante icônicas acerca do significado a ser codificado (@ envolve feminino e masculino ao mesmo tempo, x sugere incógnita), mas esbarram em um problema para além da escrita: não há fonotaxe possível, não são pronunciáveis. Duas formas com fonotaxe, a ausência (*tods*) e -e (*todes*) têm tido o uso expandido, presentes em fala monitorada de pessoas de segmentos sociais bem específicos. Entre essas duas, uma tem um uso mais difundido, -e. A explicação para isso encontra brecha no sistema: -e é a vogal temática de nomes uniformes masculino (*pente*) e feminino (*ponte*), comuns de dois gêneros (*presidente, conje*) e biformes (*presidente/presidenta, conje/ conja*), está presente em vários adjetivos (*contente, alegre, triste*). Essa abrangência torna a forma potencial candidata a um neutro, embora, em um levantamento no dicionário, Schwindt mostre que nomes sexuados terminados em -e têm uma distribuição predominantemente masculina.[34]

A emergência de -e tem maior potencialidade de difusão, embora existam contextos irregulares potencialmente problemáticos, como *professore*, cujo plural ficaria igual ao masculino plural (*professores*), ou, como na proposta dos manuais, *professories*, mas cuja pronúncia seria a mesma de *professores* (por analogia a *cáries* e *séries*).

Ainda em relação à mudança linguística, outro problema é o da implementação: Por que só agora? Sexismo na sociedade não é uma novidade. Pessoas que não se identificam com o binário também não são novidade. Mudanças impulsionadas pelos movimentos identitaristas (feministas, LGBT+, em suas diferentes vertentes) encontraram brechas no sistema. Mesmo assim, forças progressistas e conservadores atuam na difusão e na validação da norma, levando a um período de menor estabilidade na língua, com diversas tentativas de emergência de formas, e pouca difusão. Mudanças na língua demandam tempo. Não é por lei ou por prescrições (equivocadas, na maior parte das vezes) que a língua vai incorporar novas formas, e usar x, @ ou -e não torna a pessoa mais sensível às questões de gênero.

A seguir, a máquina do tempo avança para os problemas de encaixamento e transição. Na mudança incipiente (com poucas ocorrências, o que impede uma generalização baseada em amostras robustas e o delineamento de tendências), pouco se pode fazer senão especular. O cenário de especulação já está posto por não linguistas, com previsões catastróficas de destruição da língua, o que é usado como argumento para a urgência de proibir os usos, na forma de projetos de lei inócuos.

Como linguista, posso especular em outras direções, observando efeitos em outros domínios da gramática decorrente da mudança deliberada. O que pode acontecer na gramática do português brasileiro por efeito da adoção de preceitos de linguagem não sexista, linguagem inclusiva e linguagem neutra na sociedade?

Direções das mudanças

Imaginemos uma sequência de pedras de dominó empilhadas sucessivamente. Quando uma das pedras é derrubada, a seguinte também tomba. O problema do encaixamento linguístico diz respeito a essa sequência de eventos em sucessão a partir do momento que uma mudança é desencadeada no sistema. Mas, enquanto os dominós são enfileirados, na língua os domínios gramaticais se entrelaçam de maneira não linear, o que dificulta o jogo da previsibilidade (algo como o bater das asas de uma borboleta na África gerar um tsunami na Ásia).

A inserção de uma forma para expressar gênero não binário não vai afetar todo o sistema linguístico ao mesmo tempo e com a mesma intensidade, a mudança vai encontrar brechas onde for possível iniciar essa inserção. O modelo sociolinguístico é probabilístico, mas não é preditivo; a máquina do tempo vai para o passado. Entretanto, se pudéssemos ir para o futuro, a partir das pistas raspadas hoje, o artigo e o vocativo são dois nichos com potencial de direcionar a mudança no português brasileiro.

ARTIGO

As gramáticas do português, da primeira à mais atual, reforçam o papel central dos artigos na expressão do gênero. A anteposição do artigo permite identificar o gênero de um substantivo, e as pessoas têm uma intuição relativamente boa nesse processo. Para os casos em que a intuição falha, há o gênero vacilante. Mesmo assim, *o alface* ou *a alface* não fazem diferença na sociedade. A transgressão do artigo em referência a pessoas pode se configurar como marca de grupos específicos, como em *a Pabllo*.[35] Orientações para linguagem não sexista sugerem omissão de artigos diante de substantivos e o uso no plural: em vez de *Os estudantes fazem matrícula semestralmente*, *Estudantes fazem matrícula semestralmente*. E as orientações de linguagem não binária sugerem *e* como artigo (alguns sugerem *ê* para se diferenciar da conjunção).

Há dois aspectos importantes a serem discutidos, um relativo ao encaixamento e outro à produtividade. Quanto ao encaixamento, sintagmas nus (sintagmas que não apresentam a posição de artigo preenchida, como em *gatos*, em vez de *os gatos*), no português brasileiro, ativam uma leitura generalista e universalizante, e a omissão do artigo pode implicar perda de especificidade. Esse efeito é mais difícil de se predizer, e provavelmente outros mecanismos seriam acionados para resolver o problema.

No entanto, há um efeito que pode ser previsto. Há variedades do português brasileiro em que o artigo ocorre diante de nomes próprios e pronomes possessivos, e outras não (*o meu amigo* vs. *Ø meu amigo*) e essa variável configura-se como marcador dialetal, restrito a algumas variedades da região Nordeste.[36] É possível supor que as orientações de apagamento de artigo nos manuais de linguagem não sexista e neutra impulsionem a difusão desse processo, generalizando o apagamento para outras variedades dialetais, não pela difusão por contato dialetal, mas por efeito de orientação não sexista ou inclusiva.

Em outra direção, o artigo tenderá a ser cada vez mais presente diante de nomes próprios de pessoas. Normalmente, nomes próprios de pessoas no português brasileiro são específicos para cada identidade de gênero (em geral, são escolhidos antes mesmo do nosso nascer, a partir de pistas morfológicas do sexo). Na seção sobre gênero vacilante, vimos que o uso de artigo feminino antes de nomes próprios comumente masculinos, como em *a Pabllo Vittar*, tem sido identificado na demanda por nomes próprios para as pessoas que não se identificam com o gênero binário na comunidade LGBT+, como uma marca de pertencimento a essa comunidade. Danniel Carvalho chama esse processo "rasura de gênero".[37]

As mudanças decorrentes das orientações explícitas para a expressão de gênero em nomes no português brasileiro parecem ir em duas direções em princípio contraditórias. Por um lado, a transição da identificação do gênero em nomes próprios de pessoas para o artigo leva a mudanças de incorporação nos outros níveis da gramática tornando o artigo crucial para a identificação de gênero. A orientação para a omissão do artigo em nomes designativos, por outro lado, impulsiona a perda de artigo diante de nomes próprios de pessoas e possessivos em variedades dialetais em que esse processo não ocorre.

E para quem não se identifica com o binário? A solução dos manuais de linguagem neutra é a criação de um artigo neutro. Este não é um problema para o inglês, língua cujos artigos não expressam gênero. Nas línguas românicas, os artigos definidos decorrem do pronome demonstrativo latino *ĭllu*, *ĭlla*, e os artigos indefinidos são decorrentes do numeral, *unus*.

Quadro 7 – Artigos em latim, português, espanhol e francês

	Latim		Português		Espanhol		Francês	
Masculino	ĭllu	ĭllos	o	os	el	los	le	les
Feminino	ĭlla	ĭllas	a	as	la	las	la	
Masculino	unu	unos	um	uma	un	unos	un	des
Feminino	una	unas	uns	umas	una	unas	une	

Observando o Quadro 7, em relação à potencial disponibilidade de formas para não binário, francês, espanhol e português são línguas tão próximas, mas ao mesmo tempo tão distantes. Estruturalmente, o francês é o mais favorecido, já que as formas de plural não se identificam com masculino ou feminino, com potencialidade de funcionar como o *they* do inglês usado no singular para se referir a não binário ou quando não se sabe o gênero. No entanto, das três línguas, o francês é a que tem uma forma para referir a não binário dicionarizada, *iel*, que consta no tradicional dicionário *Le Robert*, com a ressalva de ser rara na língua.[38]

O espanhol tem disponível a forma *le*, que, embora não seja dicionarizada, tem certa regularidade de uso. Seguindo a tendência das outras línguas românicas, no português, a forma potencial para artigo seria o *e*, mas que esbarra no fato de esta mesma forma já ocupar a função de conjunção aditiva. Talvez por isso, a expressão de gênero não binário tem sido muito mais produtiva nos nomes do que nos artigos, como aponta o estudo quantitativo de Baldez.[39]

A restrição ao artigo não binário no português brasileiro pode ter motivação de natureza prosódica. Português é uma língua de ritmo acentual, enquanto espanhol e francês são línguas de ritmo silábico.[40] Uma língua de ritmo silábico tem todas as sílabas com a mesma duração. Línguas de ritmo acentuais desenvolvem isocronia, fazendo com que elementos se aglutinem. Artigos são clíticos, dependem de outra palavra para formar um grupo de força, na terminologia de Mattoso Câmara. Inserir um artigo neutro como *e* sendo pronunciado como "ê", em *e menine* exige que o artigo receba acento. Algumas variedades do português brasileiro, em situação de contato com o espanhol, assumem sílabas com duração parecida, o que geraria pronúncias da variedade estereotipada de "leite quente". Nessas variedades, não haveria problemas para que, em *e menine*, o artigo fosse pronunciado <e menine>. Mas nas demais variedades, a pronúncia seria <iminine>, ou só <minine>. A força do ritmo da língua é maior do que a intenção da inserção deliberada da forma, o que torna o artigo neutro pouco provável de ser inserido e encaixado no sistema da língua.

VOCATIVO

Se o artigo não é um contexto favorável, o vocativo é um forte candidato para abrir a porta do sistema no português brasileiro. Vocativo é um rótulo disponível na Nomenclatura Gramatical Brasileira. As definições relegam ao vocativo um segundo plano: "uma unidade à parte, desligado da estrutura argumental da oração".[41] E talvez seja essa a brecha para a forma não binária fonotática incipiente, *e*, adentrar no sistema da língua, pelas bordas.

O lugar do vocativo já é ocupado pelas estratégias de gênero inclusivo, como explica Schwindt: "embora mais recorrente em vocativos, recuperando uma fórmula antiga do português e de outras línguas presente em expressões cristalizadas (ex. senhoras e senhores; *ladies and gentlemen*), este uso se estende atualmente, por vezes, a todos os elementos do sintagma".[42] O uso vocativo inclusivo, *todos*, *todas e todes*, foi o que ganhou destaque nas manchetes, como vimos no início deste capítulo. O vocativo é descrito, na tradição gramatical contemporânea, como sintaticamente sinalizado por meio de vírgulas. Mas não só. Em todos, todas e todes, como cumprimento, temos um vocativo. Guilherme Mäder e Cristine Severo classificam lindes (como flexão de lindo/a), em "Olá lindes! Por aqui venho compartilhar minhas artes", como vocativo.[43]

Embora os dados quantitativos do estudo de Baldez não corroborem essa hipótese (o que não invalida a hipótese, dado que a amostra foi constituída por apenas três participantes), os dados qualitativos nos dão pistas de como se dá essa entrada:

> sete dados observados na forma neutra, cinco deles desempenham a função sintática de vocativo (como "desculpa te preocupar **queride** [...]"), a qual se mostrou estatisticamente significante em posição de favorecimento em relação ao gênero neutro.[44]
> (7) Participante A: Olhem isso **mis** mutuals
> (8) Participante A: [...] **Minhe** filhe eu levo TUDO para o lado pessoal
> Em (7) e (8), ambas as realizações da variante neutra referentes ao pronome possessivo "Meu" acompanham um vocativo em referência generalizadora, visto que se dirigem a um grupo de pessoas cujo gênero é variado.[45]

Dos 15 exemplos arrolados por Silvia Cavalcante para ilustrar o uso de gênero, 10 são de uso de forma não binária *e* para gênero genérico neutro.[46] Destes, somente 3 retomam o gênero nos nomes seguintes. Manter a sistematicidade para além do vocativo, neste momento, ainda não é a regra. Mas a posição de vocativo tem potencial de consolidação e espraiamento posterior.

Custos das mudanças

Se a mudança encontra brechas dentro do sistema da língua, fora dele pode encontrar entraves e amarras. Uma delas é a do custo do processamento: as formas inovadoras seriam mais difíceis e custosas para a compreensão. O custo do processamento é um argumento corriqueiramente evocado nos projetos de lei que visam proibir usos linguísticos; esteve na pauta da proibição dos estrangeirismos e está agora nos projetos de lei proibindo linguagem neutra.

Subjacente ao argumento do custo do processamento está a pressuposição de que pessoas sem escolarização não entenderiam essas formas, ou, mesmo para pessoas escolarizadas, a compreensão seria dificultada. Para responder a essas questões com evidências científicas, estudos de interface entre a sociolinguística e a psicolinguística, medindo atenção e esforço das pessoas diante de variantes de uma mesma variável linguística, têm apresentado resultados em outros domínios da gramática e em outras línguas. No espanhol, por exemplo, os resultados de uma tarefa experimental sugerem que, empiricamente, a forma não binária [-e] parece funcionar como um genérico e não sobrecarrega o processamento em falantes de espanhol da Argentina e do Chile.[47] Esse é um argumento importante para a discussão sobre a emergência de marcas não binárias de gênero em outras línguas e em outras comunidades linguísticas, como no Brasil.

Embora seja usado com modelo de mudança deliberada pela inserção de um neutro, no sueco, o pronome *hen* também não escapa dos argumentos do custo do processamento, motivo pelo qual a forma deveria ser evitada.[48] Um estudo experimental utilizando rastreamento ocular, em que as pessoas que participaram apenas liam frases, pode mostrar se há mais custo de processamento em frases com pronome neutro do que com pronomes de gênero masculino ou feminino por meio da duração da fixação do olhar nos pronomes. Na leitura, quando uma forma nos causa estranhamento ou não é familiar, pousamos mais tempo o olhar. Esse "pouso de olhar", fixação, é medido em milissegundos, então não percebemos esse aumento de tempo. Mas um rastreador ocular é capaz de medir essa diferença. Em um estudo do sueco, a tarefa era constituída pela leitura de duas frases: uma com referente a uma pessoa e outra com pronomes do gênero masculino, feminino ou neutro (*hen*, o inovador) vinculados a substantivos neutros (como *pessoa*, *colega*) ou de gênero definido, seja por se referirem lexicalmente ao gênero (como *irmã*, *rei*), seja por estarem associados a estereótipos de profissões (*cabeleireiro*, *carpinteiro*). O resultado mostrou que o custo de processamento de *hen*

110 Não existe linguagem neutra!

medido pelo tempo de leitura quanto à duração da fixação não apresentou diferença de tempo estatisticamente significativa: os resultados não sustentam que *hen* deve ser evitado porque é difícil de processar.

Então, em relação à regra de gênero neutro e seu processamento, evidências experimentais no espanhol e no sueco sugerem que não há custo adicional de processamento para uma forma não binária inserida no sistema.

A regra de gênero inclusivo, entretanto, parece ter mais entraves. A concordância é um processo flexional que atua também como mecanismo de coesão linguística. Em sintagmas coordenados, as relações de concordância duplicadas sobrecarregam o processamento por duplicação ou triplicação dos elementos. Esse foi um dos argumentos apresentados no Parecer nº 561/2004 da Comissão de Constituição, Justiça e Cidadania sobre o PLC nº 102/2002 (inicialmente apresentado como 4610/2001), que dispõe sobre a linguagem inclusiva na legislação e documentos oficiais.

> Para se ter uma breve ideia do impacto dessa obrigatoriedade na morfossintaxe da nossa língua, vejamos como estaria redigido um dispositivo de lei, se obedecesse aos preceitos da linguagem inclusiva. Tomemos, a título de exemplo, um trecho do art. 12 da Constituição Federal. Sua versão atual é a seguinte:
> Art. 12. São brasileiros:
> I – natos:
> a) os nascidos na República Federativa do Brasil, ainda que de pais estrangeiros desde que estes não estejam a serviço de seu país;
> § 2º A lei não poderá estabelecer distinção entre brasileiros natos e naturalizados salvo nos casos previstos nesta Constituição.
> Aprovado como está o PLC 102, de 2002, os dispositivos mencionados passariam a ter a seguinte redação:
> Art. 12. São brasileiros e brasileiras:
> I – natos e natas:
> a) os nascidos e as nascidas na República Federativa do Brasil, ainda que de pais estrangeiros e mães estrangeiras, desde que estes e estas não estejam a serviço de seu país;
> § 2º A lei não poderá estabelecer distinção entre brasileiros natos e naturalizados e brasileiras natas e naturalizadas, salvo nos casos previstos nesta Constituição.
> Como se pode ver, o impacto sobre a construção morfológica e sintática da língua portuguesa é gritante. Por certo, haverá forte reação, por todo

o país, contra tal imposição linguística, a despeito de seu fulcro de ação incidir apenas sobre normas legais e documentos oficiais. Cabe avaliar, neste momento, se a relação entre custo e benefício pesa a favor da aprovação do PLC nº 102, de 2002, ou se as vantagens advindas dele para o movimento de mulheres não seria anulada pelo bombardeio negativo – que certamente ganharia todos os meios de comunicação de massa do país – em ataque ao projeto.[49]

Embora o parecer, ao final, aprove a proposição, o alerta para a relação custo-benefício demanda atenção e também um estudo de processamento de formas não binárias e coordenadas de gênero. É, pois, um campo que ainda precisa de investigação empírica, mas, aparentemente, a regra de gênero inclusivo parece ser mais custosa para o processamento pela sobrecarga da duplicação (ou triplicação, no caso de *todos*, *todas e todes*) de informação decorrente do processo de concordância.

Uma das questões norteadoras do estudo programático da mudança linguística é entender como a língua continua funcionando em períodos de menor estabilidade.[50] A adesão a novas regras, manualizadas ou inferidas em contextos que favorecem a sua emergência, não é automática nem instantânea, menos ainda regular. Um efeito observável são contextos de hipergeneralização de regras.

Hipergeneralização, ou hipercorreção, é um contexto em que uma regra é extrapolada para contextos que a regra não prevê. Um exemplo é a ditongação de palavras como *bandeija* e *carangueijo*, por analogia à *beijo* e *queijo*. Estas últimas são palavras que, na fala, ocorrem monotongadas, *quejo* e *bejo*, mas, por instrução formal, aprendemos que na escrita o ditongo existe. Daí, para não incorrer em erro, em palavras cujo contexto é semelhante, como *bandeja* e *caranguejo*, identificamos o contexto que é alvo de monotogação na fala e hipercorrigimos, colocando marcas onde não há necessidade de marcas. Por hipercorreção, explicam-se fatos como *olar* (em vez de *olá*), e *a gente vamos* (em vez de *nós vai*).

A hipercorreção, do ponto de vista do processamento da variação linguística, decorre da pressão, seja por necessidade, seja por intenção, de se adequar a uma regra que ainda não foi totalmente inferida; no caso de gênero não binário, a escassez de recorrência das marcas (em comparação com as marcas de gênero binário) oferece poucas oportunidades para a inferência da regra. Por exemplo, em um cartaz de divulgação de uma atividade acadêmica, a frase "possibilidade para tradutorxs iniciantxs" apresenta um nome designativo de profissão que é biforme, *tradutor* / *tradutora*, e a opção por não identificar o gênero, na forma plural, foi com a marca -*x*. A concordância com o adjetivo *iniciante* não demandaria uma marca específica para não identificar gênero. Em um anúncio de empregos, na frase "estamos contratando vigilante(a)", vigilante é um nome designativo de profissão que é comum de dois gêneros, por isso não demanda uma marca feminina.

A hipercorreção não existe apenas na produção linguística, como nos exemplos anteriores; pode acontecer também na percepção. Foi o que aconteceu com "últimes entrades", em um cartaz disponibilizado pelo cantor Djavan em suas redes sociais. Imediatamente, foi alvo de ataques por supostamente querer usar linguagem neutra equivocadamente. No entanto, o evento aconteceria na cidade de Barcelona, Espanha, e estava escrito em catalão.[51]

A pouca frequência das marcas não binárias no uso restringe o processo de inferência das regras. Uma maneira de ampliar o uso é por meio da instrução explícita manualizada, uma ação de planificação linguística.

AÇÕES DE PLANIFICAÇÃO

Mudanças deliberadas são mudanças que demandam ações de planificação linguística. Os grupos sociais que usam e vem difundindo o uso das novas marcas de gênero são minorias e fortemente alinhados aos movimentos que engendram as mudanças. Os efeitos societais são amplificados, com forte reação negativa e prescritiva contrária às formas emergentes, inclusive com projetos de lei proibindo e criminalizando não só marcas de gênero não binário, mas também marcas coordenadas de gênero inclusivo. Por outro lado, existem projetos de lei no caminho de uma linguagem inclusiva ou justa em termos de gênero que visam reduzir o sexismo na sociedade por meio de mudanças nos padrões linguísticos. Esses projetos de lei dizem respeito à formação de políticas linguísticas e à regulamentação da linguagem inclusiva de gênero na sociedade.

Ainda decorrente dos movimentos e, para além das leis, também emerge uma profusão de manuais e cartilhas ensinando e prescrevendo linguagem não sexista e linguagem neutra, em alguns casos tão prescritivista quanto os preceitos gramaticais rotulados por Faraco de "norma curta".[52]

Manualização do gênero

Gramáticas são instrumentos linguísticos, pois se configuram como ferramentas de tecnologia linguística para auxiliar na compreensão e na produção sobre a língua, ao mesmo tempo servindo de base pedagógica para permitir o acesso às variedades de prestígio. No caso do gênero, é nas gramáticas que encontramos a descrição dos padrões de uso, e, como vimos anteriormente, essa descrição pode mudar.

Além de gramáticas, outro instrumento linguístico para disseminar e popularizar conhecimentos sobre a língua são os manuais, compêndios que objetivam apresentar e compartilhar conhecimentos linguísticos, indicando o funcionamento na sociedade. Nesse processo, alguns usos são naturalizados, considerados aceitáveis e evidentes, enquanto outros, os usos considerados indesejáveis, são relegados a segundo plano.

> Se a presença da mulher já se faz nos espaços sociais, sejam públicos ou privados, é necessário, todavia, ainda marcá-los na língua, nos usos linguísticos há a constituição de uma linguagem não sexista de gênero por meio da manualização e instrumentalização de uma língua. Funcionando como políticas de controle, as quais impõe o uso do feminino na marcação do gênero para afirmar a presença da mulher na língua, os Manuais vão contradizendo o androcentrismo e o sexismo, mostrando que as mulheres existem além das relações com o homem e não estão subordinadas a ele.[53]

O movimento de linguagem não sexista, na busca por desvincular a não identificação do gênero do uso do masculino genérico, que invisibiliza o feminino, se instrumentaliza por meio de manuais para quebrar as hierarquias socialmente estabelecidas na seleção entre as formas masculina e feminina. O uso do masculino como a forma de genérico resulta na exclusão da representação linguística da mulher. Como instrumentos de mudança desse comportamento, manuais propõem que o gênero feminino também seja identificado nas construções linguísticas, a fim de promover uma igualdade de gênero e evitar o sexismo na linguagem. Ações semelhantes podem ser observadas também no uso de pronomes neutros/não binários.[54]

A proposta subjacente aos manuais é a de introduzir marcas femininas e não binárias na língua, com o intuito de torná-la mais equitativa.

O processo de manualização do gênero é, como política linguística, institucionalizado e, por tabela, envolve um conjunto de conhecimento técnico específico. No entanto, os instrumentos que repercutem na sociedade não são institucionais. Há iniciativas como o *Manual para o uso da linguagem neutra em língua portuguesa*. Esse manual apresenta as formas para uso de linguagem neutra de gênero: "Aplica-se a pessoas não binárias, bebês intersexo, ao nos referirmos a um grupo de pessoas com mais de um gênero ou quando não sabemos quais pronomes usar com determinada(s) pessoa(s)".[55] É enunciada aqui uma regra ambígua: a forma *-e* é, ao mesmo tempo, marca de gênero não binário e não identificação de gênero (gênero genérico). Essa mesma regra se encontra em outro manual, o *Guia TODXS NÓS de linguagem inclusiva*, que se propõe a refletir "sobre o uso de uma linguagem que promove equidade de gênero, respeita e inclui mulheres, pessoas negras, pessoas com deficiência e LGBTQIA+ (Lésbicas, Gays, Bissexuais, Transgênero, Queer, Intersexo, Assexuais e Aliades)", mas que, na prática, promove a troca de uma forma por outra: "Hoje, no nosso idioma, usamos o masculino quando falamos de forma generalista. A proposta é passar a usar o som da letra E no lugar do O ou A. Por exemplo, em vez de todos, todes".[56] Se no manual anterior a regra era ambígua, com *-e* tanto referindo à identificação de não binário quanto de marca para referência à gênero ampliado ou gênero genérico, neste a regra apresentada é de que *-e* é marca para gênero genérico em substituição ao masculino. Além disso, as regras prescritas por este manual vetam o uso de marcas coordenadas de linguagem inclusiva: "Quando se dirigir a um coletivo, diga 'todes'. Em vez de 'amigos/amigas', diga 'amigues'".[57]

Embora este manual afirme se embasar no *Guia de comunicação inclusiva* do Secretariado-Geral do Conselho da União Europeia, lançado em 2018, o documento referido, na parte sobre orientações específicas para o português, apresenta sugestões de linguagem não sexista, como o uso de termos coletivos ou abstratos, e referência à função; não há menções sobre marcas não binárias, menos ainda prescrições de uso.[58]

Outro manual, ainda mais radical, é o *Manifesto ile para uma comunicação radicalmente inclusiva*: "Muito tem se discutido sobre a necessidade de um pronome em português que não tenha gênero. Ou melhor, que seja sem gênero, pra não ter que separar as pessoas por essa classificação".[59] Essa é uma proposta que pressupõe que a sociedade não quer ser separada por gênero, o que não parece ser coerente com a mesma sociedade que cultua chá revelação.

Como em todo processo de gramatização, a prescrição de normas – no caso, uma gramática para o gênero não binário – pressupõe que o comportamento linguístico (regra) de um grupo é assumido como o padrão a ser generalizado para a comunidade. No entanto, ainda não há descrições linguísticas sistemáticas para alimentar a prescrição desses usos. Estamos diante de um prescritivismo baseado nas intenções das pessoas que escreveram os manuais, e não de um prescritivismo baseado em um padrão linguístico identificado em uma comunidade de fala.

Manuais prescrevem mudanças deliberadas na língua resultantes de um exercício deliberado de escolha de formas para servir ao propósito, num processo contrário ao de gramáticas: enquanto gramáticas prescrevem regras a partir dos usos, os manuais definem as formas a serem usadas. Isso não é uma exclusividade de manuais; línguas inventadas também funcionam assim, e isso não parece ser um problema (klingon, esperanto, entre outras).

A manualização do gênero, porém, no momento atual do português brasileiro, e em alguns casos, vai numa direção extremista, barrando qualquer possibilidade de marcação de gênero, mesmo quando não há referência a pessoas. É o caso de pronomes possessivos: a forma não binária "nosse" se aplicaria a pessoas, como "nosses alunes". Mas para coisas, como "caderno", não faz sentido prescrever neutralização, porque *caderno* termina com -o, aceita artigo masculino, mas é um nome de coisa, não de pessoas. Este é um tipo de prescrição que leva à hipercorreção, como vimos anteriormente. Prescrições do tipo que é apresentado no Quadro 8 podem levar a construções como "nosse caderne".

116 Não existe linguagem neutra!

Quadro 8 – "Dicas" para usar a linguagem não binária ou neutra[60]

"Masculino"	"Feminino"	Neutro (gramatical)	Neutro (neo)
Algum	Alguma	Alguma pessoa	Algume/Algumx
Ele	Ela	[nome da pessoa]	Êlu/Elx/Éli/[outros]
Professores	Professoras	Docentes	Professorus/Professorxs/ Professories
O(s)	A(s)	[omissão do artigo]	E(s)/X(s)
Meu	Minha	De mim	Minhe/Minhx/Mi
Namorado	Namorada	Pessoa que namoro/namora/ (nome da pessoa)	Namorade
Dele	Dela	De [nome]/Da pessoa	Dêlu/Delx/Déli/[outros]
Não binário	Não binária	Uma pessoa não binária	Não binárie/Não binárix
Ateu	Ateia	Alguém que não acredita em Deus/Não crente	Atei/Ateie/Atex
Ator	Atriz	Uma pessoa que atua/artista	Atore/Atir/Atrez/Atxrx
Bom	Boa	Uma pessoa boa	Boe/Bo
Herói	Heroína	Pessoa heroica/que fez ato de heroísmo	Heroíne/Heroinx/Heréi
Nosso	Nossa	De nós/da gente	Nosse/Nossx
Amigo	Amiga	Amizade/pessoa amiga/amigável	Amigue/Amigx
Médico	Médica	Pessoa que trabalha com Medicina	Médique/Médicx

As diretrizes de uso de linguagem neutra, não sexista ou inclusiva manualizadas prescrevem como usar formas não binárias e evitar formas que apontem para um gênero específico. Os efeitos das prescrições para evitar essas formas podem ser observados no uso vernacular como um reflexo de mudança encaixada, apontando para o problema do encaixamento em uma mudança linguística.[61] Por exemplo, evitar determinantes antes de nomes próprios ou possessivos analíticos, como o uso de "da gente" em vez dos canônicos: "nosso/nossa".

Em "nosso caderno", o pronome possessivo "nosso" está no masculino porque o substantivo possuído (não animado) "caderno" é masculino. A prescrição de substituição por uma estratégia neutra gramatical envolve o uso de uma forma possessiva não canônica, "da gente", ou de uma forma dita neo, "nosse/nossx caderno". O pressuposto assumido parece ser o de que o pronome possessivo concorda com a pessoa do discurso, quando, nas relações de posse, o pronome concorda com a entidade possuída, sem envolver a referência a gênero de pessoas.

Prescrições como a da supressão de artigos diante de antropônimos e possessivos, ou a alternância entre a forma canônica do pronome possessivo de primeira pessoa do plural pela forma "da gente" não violam o padrão; no entanto, como vimos, a presença de determinantes antes de possessivos em nomes próprios é uma característica dialetal e os possessivos analíticos são menos frequentes do que os canônicos. O uso desses recursos aumentará devido às diretrizes e prescrições?

A manualização do gênero gera expectativas de usos. Pode usar linguagem neutra no Enem? E quando vai entrar na gramática? Mais do que prescrição, é preciso ter uso. O exercício de previsão de futuro da deriva da língua dá pistas de onde as marcas emergentes podem se consolidar no sistema, quais seus limites e suas potencialidades. Mas só há uma maneira de entrar na gramática: usando.

Foi assim com a forma *presidenta*, que entrou em uma observação na última edição da gramática de Evanildo Bechara. O Volp adicionou mais de 1.000 palavras na sua última edição, incluindo estrangeirismos. Isso só ocorreu porque houve uso. E só houve uso porque houve representatividade. Mais do que manuais para prescrever linguagem neutra, inclusiva ou não sexista é preciso haver políticas de diversidade de pessoas em espaços de poder, para desfazer a estereotipia.

Leis sobre as línguas

As mudanças linguísticas ocorrem acima ou abaixo do nível de consciência. Quando a sociedade toma conhecimento de uma mudança linguística, especialmente quando ela está associada à identidade e à representação de grupos minoritários, os grupos hegemônicos reagem. E a reação a essa mudança linguística ainda incipiente tem sido forte e recente, materializando-se na forma de projetos de lei federais que criminalizam a linguagem neutra, proíbem seu uso e até estabelecem punições para aqueles que a utilizam.

Dentro da perspectiva da sociolinguística, uma abordagem societal permite mapear vieses ideológicos nas leis que refletem o que a sociedade pensa sobre essa preocupação, em termos de ideologias linguísticas. Uma ideologia linguística é "o consenso de uma comunidade sobre o valor a ser aplicado a cada uma das variedades linguísticas que compõem seu repertório. Simplificando, a ideologia linguística não é diferente da política linguística, com o formulador de políticas deixado de fora, o que as pessoas acham que deve ser feito".[62] De acordo com essa concepção, as atitudes de formuladores de políticas expressas nas leis podem refletir as atitudes da comunidade.

A abordagem societal, com o objetivo de identificar as ideologias subjacentes aos projetos de lei federais sobre linguagem neutra, permite observar as justificativas para a proposta de projetos de lei federais. Embora os perfis sociais que aderem às marcas de gênero não binário sejam minorias e ainda estejam fortemente alinhados com os movimentos que geraram as mudanças, os efeitos sociais são amplificados, com uma forte reação negativa e prescritiva contra as formas emergentes de linguagem neutra em termos de gênero. Esses projetos de lei refletem o choque entre a agenda identitária e a onda ultraconservadora que tem prevalecido na sociedade brasileira; ao mesmo tempo, apontam para a necessidade de intensificar ações de conscientização e educação linguística na sociedade brasileira.

Preocupações com a língua são frequentes na política brasileira. Na Constituição Federal, o art. 6 diz que "o português é a língua oficial do país".[63] Em nível federal, vários projetos de lei sobre a língua foram discutidos por políticos. Talvez o mais famoso deles seja o PL nº 1.676/1999, conhecido como Lei dos estrangeirismos[64] (e, 20 anos depois, tramita o PL nº 5.632/2020, sobre a mesma matéria).[65]

Os projetos de lei brasileiros sobre a língua tratam da inclusão e da proibição. A acessibilidade para pessoas surdas e cegas faz parte de um projeto de lei que trata da inclusão, bem como do movimento de linguagem simples na gestão pública[66] e da linguagem inclusiva de gênero.

O processo de criação de uma lei no Brasil segue quatro etapas: iniciativa, discussão, votação e sanção ou veto, e pode ser realizado em nível federal, estadual e municipal. Políticos e o povo podem propor leis; a proposição de projetos de lei é até mesmo uma medida da eficiência de um político. No entanto, o caminho entre a iniciativa e a sanção, ou seja, a transformação do projeto em lei, é longo e, nesse percurso, muitas propostas são descartadas ou ficam em suspenso, aguardando discussão. Não existe um critério técnico prévio para a apresentação de uma proposta legislativa. Por isso, há muitas propostas de leis que se sobrepõem a outras já existentes, e outras tantas propostas que são inviáveis ou meramente especulativas e midiáticas, ou, nos termos das redes sociais, é um *click-bait*, um projeto para chamar a atenção e ganhar apelo popular, curtidas nas redes.

Um projeto de lei federal brasileiro consiste em um título, um resumo e os artigos da lei. Ele também deve incluir uma declaração de motivos para a proposição da lei a fim de passar pelos comitês deliberativos. É especificamente essa parte dos projetos de lei sobre linguagem neutra que será analisada na seção a seguir, buscando pistas da ideologia linguística subjacente à proposição. Na exposição de motivos, é possível encontrar superstições e estereótipos, julgamentos corretos e incorretos sobre o idioma, revelando a consciência linguística da comunidade em termos de linguística popular.

Os projetos de lei podem ser acessados por meio de uma pesquisa pública on-line no site da Câmara Federal.[67] Uma busca nesta base por "linguagem+neutra" | "linguagem+inclusiva" abrangendo o período de 2020 a 2022 encontrou 19 projetos de lei, dos quais 14 propõem criminalizar e punir alguém que use linguagem neutra ou inclusiva, e 4 projetos de lei para linguagem inclusiva (linguagem com inclusão de gênero), abrangendo o período de 2001 a 2015.

INCLUSÃO DE GÊNERO

A luta pela igualdade na representação de gênero está na agenda legislativa brasileira há pelo menos vinte anos. O Projeto de Lei nº 4.610/2001 "dispõe sobre a linguagem inclusiva na legislação e documentos oficiais, estabelecendo a utilização de vocábulos do gênero masculino apenas para referir-se ao homem; exigindo que toda referência à mulher deverá ser feita expressamente utilizando-se o gênero feminino". Ele já passou por todos os procedimentos e está pronto para entrar na sessão plenária, aguardou até hoje.[68]

Quase 10 anos depois, o Projeto de Lei nº 6.653/2009 determina em seu artigo 6º: "O Estado adotará o emprego de linguagem inclusiva do gênero feminino na redação de suas normas internas, de seus textos de comunicação interna e externa, bem como nos editais de concursos públicos".[69]

Esse projeto de lei foi apensado a outro, o Projeto de Lei nº 4.857/2009, com proposições semelhantes.[70] A proposição mais recente sobre linguagem inclusiva de gênero é o Projeto de Lei nº 3.756/2015, que dispõe sobre o uso de linguagem inclusiva de gênero no âmbito da administração pública federal, e ainda está tramitando nas comissões.[71]

LINGUAGEM NEUTRA

O conjunto de leis contra linguagem neutra é composto, além dos 14 projetos de lei referentes ao gênero neutro, por duas petições e dois projetos de lei complementares. Esses dois projetos de lei dizem respeito à proibição decretada pela Portaria nº 604/2021, da Secretaria Especial de Cultura do Brasil, que proíbe a utilização de recursos financeiros de financiamento federal para produções audiovisuais que contenham "o uso e/ou a utilização, direta ou indiretamente, além da apologia, do que se convencionou chamar de linguagem neutra".[72]

As petições dizem respeito ao reconhecimento de coautoria de um projeto de lei e a uma moção de repúdio ao Museu da Língua Portuguesa, por "utilização de linguagem não binária, em contrariedade às regras gramaticais consolidadas", essa última indeferida sem efeito.

O marco zero de linguagem neutra como objeto do legislativo é o Projeto de Lei nº 5.198/2020, que proíbe expressamente as instituições de ensino e as bancas examinadoras de seleções e avaliações públicas de utilizarem novas formas de flexão de gênero e número de palavras na língua portuguesa, contrariando as regras gramaticais consolidadas. Um parágrafo único desse projeto de lei diz: "Nos ambientes formais de ensino e educação, é vedado o emprego de linguagem que, corrompendo as regras gramaticais, pretendam se referir a gênero neutro, inexistente na língua portuguesa".[73]

Essa proposição segue uma tramitação ordinária e está sujeita ao exame conclusivo dos comitês. No entanto, outros 13 projetos de lei se juntaram a este por se tratarem de proposições semelhantes: PL nº 5.248/2020,[74] PL nº 5.385/2020,[75] PL nº 5.422/2020,[76] PL nº 2.114/2021,[77] PL nº 3.679/2021,[78] PL nº 211/2021,[79] PL nº 764/2022,[80] PL nº 173/2021,[81] PL nº 2.650/2021,[82] PL nº 2.759/2021,[83] PL nº 2.866/2021,[84] PL nº 3.310/2021,[85] PL nº 566/2022.[86] Todos eles reforçam o projeto de lei original, com alguns acréscimos, como o estabelecimento de punições para aqueles que usam linguagem neutra em termos de gênero.

Uma primeira observação é a produtividade dos projetos de lei pelo órgão legislativo brasileiro e o período em que foram apresentados. Entre 2020 e 2022, o mundo viveu uma crise sanitária sem precedentes com a pandemia da covid-19. Particularmente no Brasil, esse período registrou quase 700 mil mortes oficialmente atribuídas à covid-19 (e a subnotificação pode triplicar esse número). Enquanto a maioria dos políticos no restante do mundo estava envolvida em projetos de lei para proteger as pessoas contra essa doença e cuidar dos efeitos do distanciamento social na economia e na educação, os políticos brasileiros gastaram tempo e dinheiro do contribuinte propondo leis sobre... linguagem neutra!

Esses projetos de lei não são ações ingênuas ou sinceramente preocupadas com a educação de jovens (como afirmam alguns dos projetos de lei). Eles são a consequência de uma onda ultraconservadora que vem varrendo o governo desde a deposição de Dilma Rousseff em 2016 (a primeira e única mulher presidente do Brasil, duas vezes), e que assumiu proporções mais dramáticas com a negação do resultado da eleição presidencial de 2022, na qual Lula se tornou presidente do Brasil pela terceira vez.

Movimentos ultraconservadores não são minoria no Brasil de hoje (obtiveram 49,8% dos votos válidos na eleição presidencial de 2022), tampouco são incultos ou sem inserção social; pelo contrário, há um contingente significativo de influenciadores digitais que propagam discursos de ódio. Por isso, é importante o tratamento societal para desvelar a ideologia linguística subjacente nas justificativas dos projetos de lei (todos apresentados por políticos e políticas de perfil ultraconservador).

Os argumentos apresentados como justificativa são motivados por duas crenças, a tradição gramatical e a pureza do idioma, e com dois objetivos: impedir agendas identitárias e promover a qualidade na educação.

TRADIÇÃO GRAMATICAL

A tradição gramatical é um argumento poderoso a ser explorado nas justificativas porque fornece evidência empírica e discurso autorizado. É a legislação, as gramáticas e os gramáticos que endossam a opinião contra a linguagem neutra em termos de gênero. Por exemplo, o PL nº 2.866/2021 cita uma prescrição gramatical: "De acordo com a Nova Gramática do Português Contemporâneo, de Celso Cunha e Lindley Cintra, '1. Há dois gêneros em português: o masculino e o feminino. O masculino é o termo não marcado; o feminino o termo marcado'".[87]

De fato, essa é a orientação sobre gênero na gramática de Celso Cunha e Lindley Cintra, publicada em 1985, com sucessivas reedições (a que estou utilizando é a 7ª edição, impressa em 2017). Mas, como dizem os próprios gramáticos, a gramática é um "guia orientador de uma expressão oral e escrita que, para o presente momento da evolução da língua, se pudesse considerar correta.[88]

O "momento atual" mencionado por Cunha e Cintra foi 1985, e eles reconhecem que a linguagem está em evolução. Mas a autoridade das gramáticas é usada para apoiar outra generalização: "São essas as regras gerais quanto ao gênero na língua portuguesa. Uma estrutura binária, como não poderia deixar de ser".[89] Como se pode ver, o argumento gramatical está sendo usado de forma distorcida para apoiar a naturalização do gênero binário.

Na mesma direção, o PL nº 2.650/2021 cita a Nomenclatura Gramatical Brasileira, decisão que estabeleceu uma terminologia para as gramáticas a fim de evitar desvantagens para os alunos em avaliações nacionais, proporcionando homogeneidade nos currículos. A menção explícita a um documento com valor de lei pode conferir autoridade à proposição de uma proibição: "Em 1958, foi publicada a Nomenclatura Gramatical Brasileira (NGB), instituída por meio da Portaria nº 36, de 28 de janeiro de 1959".[90]

Semelhante ao argumento gramatical baseado na interpretação livre da gramática Cunha e Cintra, a NGB é uma instrução sugestiva para a terminologia do currículo, mas nada na NGB é dito sobre a relação entre o gênero biológico e o gênero gramatical para apoiar a afirmação de que "Faz parte da riqueza e exatidão de nossa língua que a flexão de gênero se estruture dessa forma, expressando perfeitamente os dois gêneros biológicos".[91]

O reconhecimento da evolução da linguagem também está presente no PL nº 173/2021, mas o argumento é apoiado por um discurso da Real Academia Espanhola sobre linguagem neutra em termos de gênero em espanhol, retirado do contexto.[92]

Esses argumentos são baseados no discurso de autoridade no original, mas no contexto dos projetos de lei, eles são usados para apoiar uma alegação da naturalidade do binarismo, uma conclusão que não é apoiada pelos argumentos originais.

PUREZA DA LINGUAGEM

Atributos como "riqueza", "exatidão" e "perfeição" endossam um ideal de linguagem pura. O que não for puro, rico e perfeito é considerado um vício de linguagem. Esse argumento é apresentado no PL nº 566/2022: "Desvios da língua como a denominada linguagem neutra, a língua das redes sociais e dos jogos via internet são vistos como vícios de linguagem e da norma padrão. Na prática, esses vícios de linguagem são contrários às regras gramaticais consolidadas no país".[93]

A linguagem neutra foi incluída na combinação de "neologismos" no PL nº 764/2022:

> Observa-se que, frequentemente, surgem em nossa sociedade neologismos baseados em variações não reconhecidas formalmente nas normas vigentes da língua portuguesa, que são utilizados com certa frequência na linguagem coloquial, principalmente em redes de sociais. Como exemplo citam-se abreviações, tempos verbais incorretos, variações de pronomes e mais recentemente a chamada "linguagem neutra".[94]

Neologismo, em linguística, refere-se a palavras novas em um determinado idioma (por empréstimo de outro idioma ou por ter um novo significado ou uma nova formação). Mas, na justificativa do PL nº 764/2022, neologismo é qualquer coisa que ameace a ideia da imutabilidade da língua, inclusive a variação linguística. A ignorância de como a linguagem funciona incentiva esse tipo de ideia, e isso não é novidade.

O purismo da língua também foi a ideologia defendida em outro projeto de lei relacionado ao idioma há 20 anos, o Projeto de Lei nº 1.676/1999, conhecido como "Lei dos estrangeirismos".[95] Assim como a neutralidade de gênero, os estrangeirismos eram vistos (e ainda são) como uma ameaça à pureza da língua portuguesa. Assim como agora, havia uma preocupação com o aprendizado e a educação de qualidade, bem como uma preocupação em coibir a suposta deformação da língua que os estrangeirismos promovem.[96] Essa questão mobilizou a comunidade acadêmica a se posicionar e fez soar o alarme sobre a necessidade de uma discussão mais ampla com a sociedade.[97] Ver os mesmos argumentos retornarem em projetos de lei em 2020 reforça a ideia de que uma educação para a diversidade linguística mais ativa ainda é latente.

PAUTAS IDENTITÁRIAS

Linguistas sabem que não existe um dono da língua que imponha mudanças. Mas essa ideia é muito difundida no senso comum.

A busca por representatividade e expressão de identidade de gênero na língua tem origem nos movimentos de grupos minoritários ou de grupos não representados pelo *status quo*. Esses movimentos, que são, como dito, minorias, não têm o poder de impor uma regra, nem têm esse objetivo. A emergência do uso de formas inclusivas ou neutras para expressar gênero na língua decorre de sua inserção na agenda, que ganha adesão ou não da sociedade. O exame da situação mostra a pouca credibilidade do argumento de que os movimentos minoritários querem impor mudanças no idioma. No entanto, essa é a justificativa mais prevalecente nos projetos de lei.

> Trata-se de uma invenção recente de pessoas que julgam ter o direito e a capacidade de alterar nossa gramática. Sugerem o uso de terminações e pronomes inexistentes, complicando aquilo que é simples: o uso do gênero feminino e masculino, que todo falante de português domina.[98]
> A 'linguagem neutra', do 'dialeto não binário' trata-se, em verdade, de uma tentativa forçada de modificação do uso da norma culta da Língua Portuguesa e seu conjunto de padrões linguísticos, de modo a serem escritos ou pronunciados com a premissa defendida pelos grupos extremistas de "anular as diferenças" de pronomes de tratamento masculinos e femininos, baseando-se em infinitas possibilidades de gênero não existentes.[99]
> Cada vez mais frequentemente nos deparamos com tentativas de inovações artificiais na língua portuguesa do Brasil. Estas têm por base uma visão ideológica a respeito das questões de gênero e uma visão prescritiva do mundo que pretende definir o que é "politicamente correto", mesmo no uso da linguagem.[100]
> A linguagem neutra tem como objetivo adaptar o português para o uso de expressões neutras a fim de que as pessoas não binárias (que não se identificam nem com o gênero masculino nem com o feminino) ou intersexo se sintam representadas.[101]

A criminalização das minorias no ambiente escolar tem se organizado em torno de um movimento ultraconservador denominado Escola Sem

Partido, cujo foco é proibir não apenas questões relativas à expressão e à identidade de gênero (no corpo e na linguagem) na escola, mas qualquer manifestação política que não esteja de acordo com os valores ultraconservadores da sociedade brasileira atual.[102]

> A chamada "linguagem neutra", subproduto intelectual e aplicação prática temerária da dita "teoria de gênero" no âmbito da comunicação humana, não apenas verifica-se totalmente incompatível com a índole de nosso idioma (avesso ao "gênero neutro" utilizado em outras línguas), como, ao submeter a critérios ideológicos normas que antecedem discussões intelectuais de qualquer espécie, exibe uma equivocada concepção puramente instrumental da linguagem e ameaça gravemente a eficácia da própria língua portuguesa como veículo para a formação intelectual e a aquisição da cultura.[103]

Embora essa relação nunca seja explicitamente declarada, a justificativa do PL nº 211/2021 para banir a linguagem neutra das escolas não é uma preocupação com a educação, mas, sim, uma "limpeza intelectual" para expulsar aqueles com diferenças ideológicas, evidenciando que os projetos de lei de linguagem neutra são uma manifestação das ações do movimento Escola sem Partido.

QUALIDADE NA EDUCAÇÃO

Os resultados de avaliações nacionais e internacionais sobre leitura e matemática têm demonstrado sistematicamente que o Brasil falha com os alunos do ensino público. Se, antes da pandemia, esse histórico já merecia atenção especial, durante e após a pandemia, a preocupação e as ações sobre esse assunto deveriam ser prioridade nas políticas públicas. Afinal, além desses problemas prévios amplamente conhecidos, o Brasil foi um dos países em que os alunos ficaram mais tempo fora da escola durante a pandemia. Assim, ações voltadas para a melhoria da qualidade da educação deveriam ser uma estratégia prioritária.

Políticos têm se mostrado sensíveis a esse problema e usam essa motivação para apoiar não apenas ações para melhorar a educação, mas também para banir a linguagem de gênero neutro das escolas. Os argumentos para a proibição da neutralidade de gênero são alegados nesses

126 Não existe linguagem neutra!

projetos de lei com base nas dificuldades de aprendizagem em geral, na aprendizagem de leitura precoce e até mesmo na preocupação com pessoas com deficiências:

> Num País onde a maior parte dos estudantes tem níveis baixíssimos de proficiência em leitura, a promoção deliberada do erro é uma afronta ao direito dos estudantes à educação. Além de dificultar o aprendizado da norma culta, a alteração da língua artificialmente imposta cria dificuldades para crianças surdas e disléxicas, aumentando as desigualdades e exclusões escolares. [...] e a confusão que se criaria no que diz respeito às crianças em fase de alfabetização?[104]

No entanto, não há evidências científicas que as sustentem. Além da falta de embasamento científico, os argumentos apresentados pelos políticos em seus projetos de lei estão em conflito com os documentos oficiais da educação brasileira, como a Base Nacional Curricular Comum (BNCC), que defende a diversidade linguística para a inclusão social e a cidadania: "Compreender as línguas como fenômeno (geo)político, histórico, cultural, social, variável, heterogêneo e sensível aos contextos de uso, reconhecendo suas variedades e vivenciando-as como formas de expressões identitárias, pessoais e coletivas, bem como agindo no enfrentamento de preconceitos de qualquer natureza."[105]

A preocupação real com a qualidade da educação deve levar em conta os documentos oficiais existentes; projetos de lei que ignoram por ignorância ou intencionalidade e levam a uma compreensão distorcida do ensino que mascara preconceitos e serve a um movimento ultraconservador, como o Escola Sem Partido.

PARA ONDE VAI?

As reivindicações de inclusão e de neutralização de gênero dos movimentos identitários podem levar a mudanças nas línguas. Essas mudanças podem ser observadas no surgimento de formas para expressar gênero não binário. Essas formas são inovações no sistema que ainda estão em estágios incipientes de regularização. Outras mudanças, por outro lado, referem-se à reorganização de estruturas linguísticas previamente existentes para expressar gênero, como a coordenação de sintagmas.

Em um país democrático com voto universal, políticos representam (ou deveriam representar) grupos em uma sociedade. O exame das ideologias linguísticas subjacentes aos projetos de lei contra linguagem neutra revela as ideologias linguísticas de grupos na sociedade. As ideias sobre a pureza do idioma e a qualidade da educação são explicitamente apoiadas por distorções de documentos oficiais e gramáticas. E, implicitamente, as ideias refletem agendas de identidade, como as ações de um movimento ultraconservador, o Escola Sem Partido.

Em 10 de fevereiro de 2023, o Supremo Tribunal Federal (STF) julgou inconstitucional a Lei rondoniense nº 5.123/2021 que proibia a linguagem neutra, em proteção à competência da União para legislar sobre Língua Portuguesa.[106] Mas, mesmo assim, continuam sendo propostos e aprovados projetos de lei sobre a matéria, como fez a Câmara dos Vereadores de Belo Horizonte, em Minas Gerais, que promulgou em 19 de agosto de 2023 lei que proíbe a utilização de linguagem neutra nas escolas públicas e particulares de educação básica da cidade.[107]

Ainda em agosto de 2023, a Assembleia Legislativa do Maranhão derrubou o veto do Governo do Estado ao Projeto de Lei nº 205/2021, que proíbe o uso da linguagem neutra e não binária na grade curricular dos estudantes.[108] O Projeto de Lei havia sido aprovado pela Assembleia Legislativa do Maranhão, mas foi vetado pelo governo do Maranhão. Mesmo com decisão do STF, o assunto não encerra.

No apagar das luzes de 2023, em dezembro, entrou na pauta da Câmara dos Deputados o Projeto de Lei nº 6.256/2019, que institui a Política Nacional de Linguagem Simples, uma iniciativa que se alinha aos movimentos de inclusão pela linguagem e exercício da cidadania. Sem mencionar linguagem neutra, nem as dezenas de Projetos de Lei sobre o tema, os movimentos ultraconservadores conseguiram inserir um destaque "jabuti" neste projeto de lei, que acabou sendo aprovado por esta instância: no artigo 5º, que estabelece diretrizes para a redação da comunicação cidadã, o inciso IX especifica: "não usar novas formas de flexão de gênero e de número das palavras da língua portuguesa, em contrariedade às regras gramaticais consolidadas, ao Vocabulário Ortográfico da Língua Portuguesa (Volp) e ao Acordo Ortográfico da Língua Portuguesa, promulgado pelo Decreto nº 6.583, de 29 de setembro de 2008".[109]

O Projeto de Lei nº 6.256/2019 foi encaminhado ao Senado Federal, onde aguarda tramitação. De todas as iniciativas para tentar barrar a mudança da língua, essa é a que está mais perto de resultado. Resta saber se o Senado Federal vai permitir esse jabuti. E, mesmo se aprovada e sancionada, a lei será pouco efetiva. Afinal, mesmo com o novo acordo ortográfico em vigor, tem gente que não deixa de usar o trema, assim como há dúvidas no próprio Volp quanto ao uso do hífen. E, se as formas emergentes forem usadas, entrarão no Volp, em alguma de suas atualizações.

Como vimos, projetos de lei que tentam proibir mudanças na língua alegando impactos na qualidade da educação não são novidade no Brasil. O purismo da língua para banir estrangeirismos, há 20 anos, no projeto de lei contra os estrangeirismos, também se manifestou com preocupações sobre a qualidade da educação. Assim como naquela época, a comunidade científica se manifestou, produzindo evidências científicas: além do simpósio *Língua, gramática, gênero e inclusão*, organizado pela Associação Brasileira de Linguística (Abralin),[110] destaca-se, por exemplo, a coletânea organizada por Fábio Barbosa Filho e Gabriel Othero, *Linguagem "neutra": língua e gênero em debate*.[111] No entanto, o retorno de ideias puristas sobre a língua e a ameaça à qualidade da educação nos projetos de lei brasileiros de gênero neutro mostram que a academia não conseguiu transpor as barreiras com a sociedade para uma educação para a diversidade linguística plena e ativa, livre de preconceitos.

O embate entre a pauta identitária e a onda ultraconservadora que têm predominado na sociedade aponta para a necessidade de proposição de ações de sensibilização e educação para a diversidade linguística na sociedade brasileira, tal como propõe Héliton Lau.[112] As ações de educação e sensibilização, no entanto, demandam lastro científico, com evidências empíricas.

A participação da comunidade científica com argumentos para essa discussão precisa ir além da academia e dialogar com os movimentos e grupos sociais que os políticos representam. Afinal, "os preconceitos linguísticos e as relações de poder podem constituir uma barreira em potencial para a deliberação efetiva sobre a língua".[113]

Seja pela perspectiva do gênero inclusivo, seja do gênero neutro, essa pauta tem entrado não só na agenda de pesquisa, mas na política.

As pesquisas empíricas sobre o tema concentram-se em uma bolha, escolarizada e com acesso às redes sociais. Embora os perfis sociais que têm aderido às marcas emergentes de gênero sejam minorizados e ainda estejam fortemente alinhados com os movimentos que geram as mudanças, os efeitos sociais são amplificados, com uma forte reação negativa e prescritiva contra as formas emergentes. Além disso, as explicações pseudocientíficas, completamente equivocadas em alguns casos, são aquelas com maior reverberação, enquanto a comunidade científica tem se esquivado do confronto.

Notas

[1] Disponível em: https://www.cnnbrasil.com.br/politica/governo-lula-adota-pronome-neutro-todes-em-eventos-ministra-tem-projeto-contra-linguagem-neutra/. Acesso em: 25 fev. 2024.

[2] Disponível em: https://g1.globo.com/educacao/noticia/2023/01/06/todes-saiba-o-que-e-a-linguagem-neutra-usada-em-eventos-do-governo-lula.ghtml. Acesso em: 25 fev. 2024.

[3] Disponível em: https://extra.globo.com/noticias/politica/todos-todas-todes-criticada-na-gestao-bolsonaro-linguagem-neutra-usada-em-posses-de-ministros-de-lula-25637995.html. Acesso em: 25 fev. 2024.

[4] Disponível em: https://www1.folha.uol.com.br/blogs/hashtag/2023/01/todos-todas-e-todes-uso-de-linguagem-neutra-por-novo-governo-gera-debate-nas-redes.shtml. Acesso em: 25 fev. 2024.

[5] TARALLO, Fernando. *Tempos lingüísticos*: itinerário histórico da língua portuguesa. São Paulo: Ática, 1990

[6] Idem.

[7] UNESCO. *Redação sem discriminação*: pequeno guia vocabular com dicas para evitar as armadilhas do sexismona linguagem corrente. Trad. Maria Angela Casellato, Rachel Holzhacker, Juan ManuelFernandez. São Paulo: Textonovo, 1996.

[8] RIO GRANDE DO SUL. Governo do Estado do Rio Grande do Sul. *Manual para uso não sexista da linguagem*: o que bem se diz bem se entende. Rio Grande do Sul: Secretaria de Políticas para as Mulheres, 2014, p. 9.

[9] Idem, p. 66-67.

[10] BRASIL, Tribunal Superior Eleitoral. *Guia de linguagem inclusiva para flexão de gênero: aplicação e uso com foco em comunicação social*. Brasília: Secretaria de Comunicação e Multimídia, 2021a.

[11] BRASIL. Conselho Nacional de Justiça. *Resolução nº 376*, de 2 de março de 2021. Dispõe sobre o emprego obrigatório da flexão de gênero para nomear profissão ou demais designações na comunicação social e institucional do Poder Judiciário nacional. Brasília, DF, 2021d. Disponível em: https://atos.cnj.jus.br/files/original122936202103056042243 0ecd5f.pdf. Acesso em: 15 jan. 2024.

[12] CARDOSO, Paula Raianny Santos; FREITAG, Raquel Meister Ko. A ordem importa: escolhas linguísticas na representação da violência contra mulheres no Brasil. *Domínios de Lingu@gem*, v. 17, p. e1741, 2023.

[13] BRASIL. Senado Federal. *Manual de Comunicação*. Brasília, DF, 2012b. Disponível em: https://www12.senado.leg.br/manualdecomunicacao/estilos/presidente-presidenta. Acesso em: 25 fev. 2024.

[14] BRASIL. Câmara dos Deputados. *Projeto de Lei nº 4.610*, de 8 de maio de 2001. Dispõe sobre a linguagem inclusiva na legislação e documentos oficiais. Brasília, DF, 2001. Disponível em: https://www.camara.leg.br/proposicoesWeb/prop_mostrarintegra?codteor=1134&filename=PL%204610/2001. Acesso em: 15 jan. 2024.

[15] BRASIL. Câmara dos Deputados. *Projeto de Lei nº 6.653*, de 16 de dezembro de 2009. Cria mecanismos para garantir a igualdade entre mulheres e homens, para coibir práticas discriminatórias nas relações de trabalho urbano e rural, bem como no âmbito dos entes de direito público externo, das empresas públicas, sociedades de economia mista e suas subsidiárias, amparando-se na Constituição da República Federativa do

130 Não existe linguagem neutra!

Brasil - inciso III, de seu art. 1º; inciso I, do seu art. 5º; caput do seu art. 7º e seus incisos XX e XXX; inciso II, do § 1º, do inciso II, do § 1º, do art. 173 -, bem como em normas internacionais ratificadas pelo Brasil e dá outras providências. Brasília, DF, 2009b. Disponível em: https://www.camara.leg.br/proposicoes Web/prop_mostrarintegra?codteor=727123&filename=PL%206653/2009. Acesso em: 15 jan. 2024.

[16] BRASIL. Câmara dos Deputados. *Projeto de Lei nº 3.756*, de 25 de novembro de 2015. Dispõe sobre a utilização da linguagem inclusiva de gênero no âmbito da Administração Pública Federal. Brasília, DF, 2015. Disponível em: https://www.camara.leg.br/proposicoesWeb/prop_mostrarintegra?codteor=14174 17&filename=PL%203756/2015. Acesso em: 15 jan. 2024.

[17] BRASIL, 2012b, op. cit.

[18] CARVALHO, Danniel Silva. Quem é êla? A invenção de um pronome não-binário. In: BARBOSA FILHO, Fábio; OTHERO, Gabriel. *Linguagem "neutra"*: língua e gênero em debate. São Paulo: Parábola, 2022, p. 119-140.

[19] BALDEZ, Diovana da Silveira. *O uso da marcação de gênero neutro no Twitter por uma perspectiva sociolinguística*. 2022. Dissertação (Mestrado) – Pontifícia Universidade Católica do Rio Grande do Sul.

[20] Idem, p. 47.

[21] Idem, p. 83.

[22] FREITAG, 2022, op. cit. [adaptado]

[23] Disponível em: https://x.com/palomabcardoso/status/1693112749042135315?s=20. Acesso em: 15 jan. 2024.

[24] WEINREICH, Uriel; LABOV, William; HERZOG, Marvin. *Empirical foundations for a theory of language change*. Texas: University of Texas Press, 1968.

[25] Mesmo tendo a possibilidade de expressar o sujeito por meio de desinências número-pessoais nos verbos, é difícil esse recurso ser utilizado nos dias de hoje. Por exemplo, se alguém diz "estudou", a desinência número-pessoal do verbo não é suficiente para indicar quem é o sujeito desta ação: ele ou ela?; você?; a gente? Por isso, cada vez mais tem se tornado quase que obrigatório preencher o sujeito.

[26] LABOV, 1972, op. cit.

[27] HAWKEY, James. Developing Discussion of Language Change Into a Three-Dimensional Model of Linguistic Phenomena. *Language and Linguistics Compass*, v. 10, n. 4, p. 176-190, 2016.

[28] Coppolla e Cardozo debatem se uso da linguagem neutra ajuda a gerar inclusão | O GRANDE DEBATE. Comentários ao programa. Disponível em: https://youtu.be/rJvq39c-2mg. Acesso em: 15 jan. 2024.

[29] Comentário à coluna https://www1.folha.uol.com.br/colunas/lygia-maria/2023/02/o-sexo-das-palavras. shtml. Acesso em: 25 fev. 2024.

[30] Idem.

[31] Idem.

[32] MÄDER, Guilherme Ribeiro Colaço; SEVERO, Cristine Gorski. Sexismo e políticas linguísticas de gênero. In: FREITAG, Raquel Meister Ko; SEVERO, Cristine Gorski; GÖRSKI, Edair Maria (Orgs.). *Sociolinguística e Política Linguística*: Olhares Contemporâneos. São Paulo: Blucher, 2016, p. 245-260.

[33] SCHWINDT, Luiz Carlos da Silva. Predizibilidade da marcação de gênero em substantivos no português brasileiro. In: CARVALHO, Danniel; BRITO, Dorothy (Orgs.). *Gênero e língua(gem)*: formas e usos. Salvador: EdUFBA, 2020b, p. 279-294.

[34] SCHWINDT, 2020a, op. cit.

[35] PEREIRA; SILVA, 2023, op. cit.

[36] SIQUEIRA, Manoel; FREITAG, Raquel Meister Ko. Can mobility affect grammar at the morphosyntactic level? A study in Brazilian Portuguese. *Organon*, v. 37, n. 73, p. 14-35, 2022.

[37] CARVALHO, Danniel. As genitálias da gramática. *Revista da ABRALIN*, v. 20, p. 1-21, 2020.

[38] IEL. In: *Le Robert*. DICO em ligne, 2024. Disponível em: https://dictionnaire.lerobert.com/definition/ iel. Acessado em: 15 jan. 2024.

[39] BALDEZ, op. cit.

[40] CAGLIARI, Luiz Carlos. Existem línguas de ritmo silábico? *Estudos Linguísticos*, v. 42, n. 1, p. 19-32, 2013.

[41] BECHARA, 2009, op. cit., p. 460.

[42] SCHWINDT, 2020b, op. cit., p. 15.

[43] MÄDER; SEVERO, op. cit., p. 254-255.

[44] BALDEZ, op. cit., p. 121, grifos do original.

[45] Idem, p. 123, grifos do original.

[46] CAVALCANTE, op. cit., p. 90-91.

[47] STETIE, Noelia Ayelén; REBOLLEDO, Camila Martínez; ZUNINO, Gabriela Mariel. Diversidad de género y variación lingüística en el español de América: procesamiento de estereotipos y morfología de género en Argentina y Chile. *Revista de Estudos da Linguagem*, v. 31, n. 2, p. 636-687, 2023.

[48] VERGOOSSEN, Hellen P., PÄRNAMETS, Philip, RENSTRÖM, Emma A., GUSTAFSSON SENDÉN, Marie. Are new gender-neutral pronouns difficult to process in reading? The case of hen in Swedish. *Frontiers in psychology*, v. 11, p. 574356, 2020.

[49] BRASIL. Senado Federal. *Parecer nº 561*, de 24 de junho de 2004. Da Comissão de Constituição, Justiça e cidadania, sobre o PLC nº 102 de 2002 (nº 4.610, de 2001 na Casa de origem), que dispõe sobre a linguagem inclusiva na legislação e documentos oficiais. Brasília, DF, 2004, p. 19360. Disponível em: https://legis.senado.leg.br/diarios/ver/967?sequencia=247. Acesso em: 15 jan. 2024.

[50] WEINREICH; LABOV; HERZOG, op. cit.

[51] Disponível em: https://g1.globo.com/educacao/noticia/2023/07/07/como-disputa-sobre-linguagem-neutra-virou-guerra-cultural-no-brasil.ghtml. Acesso em: 25 fev. 2024.

[52] FARACO, 2008, op. cit.

[53] GARCIA, Dantielli Assumpção; SOUSA, Lucília Maria Abrahão. A manualização do saber linguístico e a constituição de uma linguagem não sexista. *Línguas & Letras*, v. 17, n. 35, 2016, p. 104.

[54] CRUZ, Camilla Machado. A manualização do saber linguístico em um manual de linguagem inclusiva institucional brasileiro: discursos sobre igualdade de gênero em análise. *Revista Interfaces*, v. 13, n. 1, p. 89-99, 2022.

[55] CAÊ, Gione. *Manual para o uso da linguagem neutra em Língua Portuguesa*, [*s. d.*], p. 7. Disponível em https://portal.unila.edu.br/informes/manual-de-linguagem-neutra/Manualdelinguagemneutraport.pdf. Acesso em: 15 jan. 2024.

[56] HBO. *Guia de linguagem inclusiva todxs nós*. 2020, p. 7. Disponível em: https://pji.portaldosjornalistas.com.br/wp-content/uploads/2020/05/GuiaTodxsNos.pdf. Acesso em: 15 jan. 2024.

[57] Idem, p. 7.

[58] PARLAMENTO EUROPEU. *Linguagem neutra do ponto de vista de género no Parlamento Europeu*. Disponível em: https://www.europarl.europa.eu/cmsdata/187108/GNL_Guidelines_PT-original.pdf. Acesso em: 15 jan. 2024.

[59] BERTUCCI, Pri; ZANELLA, Andréa. *Manifesto ile para uma comunicação radicalmente inclusiva*. Disponível em: https://diversitybbox.com/manifesto-ile-para-uma-comunicacao-radicalmente-inclusiva/. Acesso em: 15 jan. 2024.

[60] Disponível em: https://forum.orientando.org/printthread.php?tid=107. Acesso em: 25 fev. 2024.

[61] WEINREICH; LABOV; HERZOG, op. cit.

[62] SPOLSKY, Bernard. Language policy, practice and ideology. In: RAFAEL, Eliézer Ben; STERNBERG, Yitzhak (Eds.). *Identity, Culture and Globalization*. Brill, 2001, p. 320.

[63] BRASIL. *Constituição da República Federativa do Brasil de 1988*. Brasília, DF: Presidência da República, 1988. Disponível em: https://www.planalto.gov.br/ccivil_03/constituicao/constituicao.htm. Acesso em: 15 jan. 2024.

[64] BRASIL, 1999, op. cit.

[65] BRASIL, 2020c, op. cit.

[66] O movimento pela linguagem simples (*plain language*) visa democratizar o acesso à informação para o exercício da cidadania. Teve início na década de 1970, nos Estados Unidos, com padrões de linguagem clara sobre o serviço público americano. Além da política, diversos outros segmentos têm adotado a linguagem simples, como a medicina e o direito, pois tem sido demanda cada vez mais frequente para gestores a preparação de materiais de divulgação em linguagem simples, o que acarreta a necessidade de desenvolvimento de instruções e treinamentos relacionados ao tema, mas também reflexões sobre o impacto da simplificação na área. (Cf. Batista e Freitag, 2023).

[67] Disponível em: https://www.camara.leg.br/buscaProposicoesWeb/pesquisaSimplificada. Acesso em: 25 fev. 2024.

[68] BRASIL, 2001, op. cit.

[69] BRASIL, 2009b, op. cit.

[70] BRASIL. Câmara dos Deputados. *Projeto de Lei nº 4.857*, de 12 de março de 2009. Cria mecanismos para coibir e prevenir a discriminação contra a mulher, garantindo as mesmas oportunidades de acesso e vencimentos, nos termos dos arts. 1º, inciso III, 3º, I e IV, bem como arts. 4º, incisos II e IX e 5º, inciso I, da Constituição Federal, da Convenção sobre a Eliminação de Todas as Formas de Discriminação contra as Mulheres e da Convenção Interamericana para Prevenir, Punir e Erradicar a Violência contra a Mulher;

e dá outras providências. Brasília, DF, 2009c. Disponível em: https://www.camara.leg.br/proposicoesWeb/prop_mostrarintegra?codteor=637805&filename=PL%204857/2009. Acesso em: 15 jan. 2024.

[71] BRASIL, 2015, op. cit.

[72] BRASIL. Ministério do Turismo. Secretaria Especial de Cultura. *Portaria nº 404*, de 27 de outubro de 2021. Brasília, DF, 2021b. Disponível em: https://www.gov.br/turismo/pt-br/centrais-de-conteudo-/publicacoes/atos-normativos-2/2021-1/portaria-sefic-secult-mtur-no-604-de-27-de-outubro-de-2021. Acesso em: 15 jan. 2024.

[73] BRASIL, 2020b, op. cit.

[74] BRASIL, 2020a, op. cit.

[75] BRASIL. Câmara dos Deputados. *Projeto de Lei nº 5.385*, de 4 de dezembro de 2020. Estabelece medidas de proteção ao direito dos estudantes brasileiros ao aprendizado da língua portuguesa de acordo com a norma culta e orientações legais de ensino, na forma que menciona. Brasília, DF, 2020d. Disponível em: https://www.camara.leg.br/proposicoesWeb/prop_mostrarintegra?codteor=1946645. Acesso em: 15 jan. 2024.

[76] BRASIL. Câmara dos Deputados. *Projeto de Lei nº 5.422*, de 7 de dezembro de 2020. Altera a Lei nº 9.394, de 20 de dezembro de 1996, para proibir a utilização de gênero neutro na língua portuguesa. Brasília, DF, 2020e. Disponível em: https://www.camara.leg.br/proposicoesWeb/prop_mostrarintegra?codteor=1947742&filename=PL%205422/2020. Acesso em: 15 jan. 2024.

[77] BRASIL. Câmara dos Deputados. *Projeto de Lei nº 2.114*, de 9 de junho de 2021. Esta lei veda expressamente o ensino da linguagem neutra em todas as instituições de ensino públicas e privadas de todo território nacional e aplica multa às instituições privadas que violarem a norma. Brasília, DF, 2021b. Disponível em: https://www.camara.leg.br/proposicoesWeb/prop_mostrarintegra?codteor=2025157. Acesso em: 15 jan. 2024.

[78] BRASIL. Câmara dos Deputados. *Projeto de Lei nº 3.679*, de 20 de outubro de 2021. Veda o uso da linguagem neutra, do dialeto não binário ou de qualquer outra que descaracterize o uso da língua portuguesa culta nas hipóteses que estabelece. Brasília, DF, 2021e. Disponível em: https://www.camara.leg.br/proposicoesWeb/prop_mostrarintegra?codteor=2092030. Acesso em: 15 jan. 2024.

[79] BRASIL. Câmara dos Deputados. *Projeto de Lei nº 211*, de 4 de fevereiro de 2021. Estabelece medidas protetivas à Língua Portuguesa, idioma oficial da República Federativa do Brasil e patrimônio cultural brasileiro. Brasília, DF, 2021f. Disponível em: https://www.camara.leg.br/proposicoesWeb/prop_mostra rintegra?codteor=1960296&filename=PL%20211/2021. Acesso em: 15 jan. 2024.

[80] BRASIL. Câmara dos Deputados. *Projeto de Lei nº 764*, de 30 de março de 2022. Estabelece medidas para garantir o direito dos estudantes ao aprendizado da língua portuguesa segundo as normas vigentes. Brasília, DF, 2022a. Disponível em: https://www.camara.leg.br/proposicoesWeb/prop_mostrarintegra?codteor=2153731&filename=PL%20764/2022. Acesso em: 15 jan. 2024.

[81] BRASIL. Câmara dos Deputados. *Projeto de Lei nº 173*, de 3 de fevereiro de 2021. Altera os arts. 26, 32 e 35-A da Lei 9.394 de 20 de dezembro de 1996, que institui as Diretrizes e Bases da Educação Nacional. Brasília, DF, 2021g. Disponível em: https://www.camara.leg.br/proposicoesWeb/prop_mostrarintegra?codteor=1960062&filename=PL%20173/2021. Acesso em: 15 jan. 2024.

[82] BRASIL. Câmara dos Deputados. *Projeto de Lei nº 2.650*, de 3 de agosto de 2021. Altera a Lei nº 9.394, de 20 de dezembro de 1996, para vedar a utilização de linguagem neutra por escolas públicas e privadas. Brasília, DF, 2021h. Disponível em: https://www.camara.leg.br/proposicoesWeb/prop_mostrarintegra?codteor=2049704. Acesso em: 15 jan. 2024.

[83] BRASIL. Câmara dos Deputados. *Projeto de Lei nº 2.579*, de 10 de agosto de 2021. Altera a Lei nº 9.394, de 20 de dezembro de 1996 (Lei de Diretrizes e Bases da Educação Nacional), para proibir a utilização da linguagem neutra nas escolas públicas e privadas. Brasília, DF, 2021i. Disponível em: https://www.camara.leg.br/proposicoesWeb/prop_mostrarintegra?codteor=2054279. Acesso em: 15 jan. 2024.

[84] BRASIL. Câmara dos Deputados. *Projeto de Lei nº 2.866*, de 17 de agosto de 2021. Altera a Lei nº 9.394, de 20 de dezembro de 1996, para proibir a utilização de linguagem neutra de gênero em documentos escolares. Brasília, DF, 2021j. Disponível em: https://www.camara.leg.br/proposicoesWeb/prop_mostrarintegra?codteor=2058479. Acesso em: 15 jan. 2024.

[85] BRASIL. Câmara dos Deputados. *Projeto de Lei nº 3.310*, de 24 de setembro de 2021. Veda expressamente a utilização da "linguagem neutra", do "dialeto não binário" ou de qualquer outra expressão que descaracterize o uso da norma culta da Língua Portuguesa na grade curricular e no material didático de instituições de ensino públicas ou privadas, em documentos oficiais das instituições de ensino, em editais de concursos públicos, assim como em ações culturais esportivas, sociais ou publicitárias que percebam

verba pública de qualquer natureza, bem como, nas produções e veiculações audiovisuais infantis e peças teatrais para o mesmo público. Brasília, DF, 2021k. Disponível em: https://www.camara.leg.br/proposicoesWeb/prop_mostrarintegra?codteor=2079564Acesso em: 15 jan. 2024.

[86] BRASIL. Câmara dos Deputados. *Projeto de Lei n° 566*, de 14 de março de 2022. Estabelece que o ensino da língua portuguesa será obrigatoriamente de acordo com a norma culta com base no Vocabulário Ortográfico da Língua Portuguesa e da gramática elaborada nos termos da reforma ortográfica pela Comunidade dos Países de Língua Portuguesa. Brasília, DF, 2022b. Disponível em: https://www.camara.leg.br/proposicoesWeb/prop_mostrarintegra?codteor=2147694. Acesso em: 15 jan. 2024.

[87] BRASIL, 2021j, op. cit.

[88] CUNHA; CINTRA, op. cit.

[89] BRASIL, 2021j, op. cit.

[90] BRASIL, 2021h, op. cit.

[91] Idem.

[92] BRASIL, 2021g, op. cit.

[93] BRASIL, 2022b, op. cit.

[94] BRASIL, 2022a, op. cit.

[95] BRASIL, 1999, op. cit.

[96] FARIA, Marcely Monteiro. Ideologias subjacentes aos estrangeirismos de origem inglesa no Brasil e a consciência sociolinguística. *Revista de Estudos da Linguagem*. v. 31, n. 2, p. 905-946, 2023.

[97] FARACO, 2001, op. cit.

[98] BRASIL, 2021i, op. cit.

[99] BRASIL, 2021k, op. cit.

[100] BRASIL, 2021g, op. cit.

[101] BRASIL, 2022a, op. cit.

[102] MIGUEL, Luis Felipe. Da "doutrinação marxista" à "ideologia de gênero"- Escola Sem Partido e as leis da mordaça no parlamento brasileiro. *Revista Direito e práxis*, v. 7, n. 15, p. 590-621, 2016.

[103] BRASIL, 2021h, op. cit.

[104] BRASIL, 2021h, op. cit.

[105] BRASIL. Ministério da Educação. *Base Nacional Comum Curricular*. Brasília, DF: MEC/SEB, 2016b, p. 494.

[106] BRASIL, 2023, op. cit.

[107] Disponível em: https://www.cnnbrasil.com.br/politica/belo-horizonte-aprova-lei-que-proibe-uso-de-pronome-neutro-em-escolas/. Acesso em: 25 fev. 2024.

[108] Disponível em: https://g1.globo.com/ma/maranhao/noticia/2023/08/09/assembleia-legislativa-derruba-veto-do-governo-a-projeto-de-lei-que-proibe-o-uso-da-linguagem-neutra-no-maranhao.ghtml. Acesso em: 25 fev. 2024.

[109] BRASIL. Câmara dos Deputados. *Projeto de Lei n° 6.256*, de 3 de dezembro de 2019. Institui a Política Nacional de Linguagem Simples nos órgãos e entidades da administração pública direta e indireta. Brasília, DF, 2019. Disponível em: https://www.camara.leg.br/proposicoesWeb/prop_mostrarintegra?codteor=2373593&filename=Tramitacao-PL%206256/2019. Acesso em: 25 fev. 2024.

[110] *Língua, gramática, gênero e inclusão*. Simpósio virtual apresentado por Raquel Freitag, 2020. 1 vídeo (2h 50min 05s). Publicado pelo canal da Associação Brasileira de Linguística. Disponível em: https://www.youtube.com/watch?v=_AdQFP3ssAY. Acesso em: 15 jan. 2024.

[111] BARBOSA FILHO, Fábio; OTHERO, Gabriel. *Linguagem "neutra"*: língua e gênero em debate. São Paulo: Parábola, 2022.

[112] LAU, Héliton Diego. O uso da linguagem neutra como visibilidade e inclusão para pessoas trans não binárias na língua portuguesa: a voz "del@ s" ou "delxs"? Não! A voz "delus"". In: *Anais do V Simpósio Internacional em Educação Sexual:* saberes/trans/versais currículos identitários e pluralidades de gênero. Maringá, 2017.

[113] ERDOCIA, Iker. Participation and deliberation in language policy: the case of gender-neutral language. *Current Issues in Language Planning*, v. 23, n. 4, p. 435-455, 2022.

LINGUÍSTICA NEUTRA?

Na sociedade brasileira, gênero importa. Importa tanto que está gramaticalizado, no sentido de estar na gramática da língua. E, como língua e sociedade se constituem mutuamente, as mudanças de uma afetam a outra. A ocupação de espaços de poder e de visibilidade junto com a articulação engajada de movimentos identitários faz emergirem situações de representação que não coadunam com o que já estava estabelecido. É o que acontece com o gênero na língua.

O exame da tradição gramatical mostra que a codificação do gênero das palavras que se referem a coisas se mantém relativamente estável no decurso do tempo, embora algumas mudem de gênero e outras apresentam gênero vacilante, abrindo espaço para a variação e a mudança.

Não existe neutralidade de gênero quando em referência a pessoas. Pessoas têm identidade, expressão e orientação quanto ao seu gênero e são categorizadas por isso. A sociedade que tributa chá revelação, que nos atribui gênero antes mesmo de chegarmos ao mundo, categoriza gênero.

A expressão de gênero na língua portuguesa é tradicionalmente binária, com masculino e feminino. A sociedade não é, no entanto, binária, só com homens e mulheres. A emergência de marcas para expressar gênero de pessoas que não se identificam com o binário é uma manifestação de inclusão de gênero pela língua, não de neutralização.

Para além da inserção de marcas para a referência do não binário, nas situações em que a referência ao gênero das pessoas é ampliada, num processo de referência ao coletivo, há pelo menos quatro regras que podem ser observadas:

(1)   gênero genérico pelo masculino (*todos*)
(2)   gênero inclusivo binário (*todos* e *todas*)
(3)   gênero inclusivo binário e não binário (*todos*, *todas* e *todes*)
(4)   gênero genérico pelo não binário (*todes*)

Há dois grupos de regras: *gênero genérico*, regras de referência sem indicação específica ao gênero, configurando uma situação de referência generalizada, como em (1) masculino genérico e em (4) não binário – ambas as regras evocam o atributo de "gênero neutro"; e *gênero inclusivo*, regras de referência coordenada com a indicação dos gêneros que compõem o grupo, como em (2) inclusivo binário e (3) inclusivo binário e não binário.

Com exceção da regra (1), regra hegemônica, descrita em gramáticas normativas, as demais regras são recobertas pelo rótulo "linguagem neutra", como vemos nas evidências societais e nos projetos de lei.

Em processos de mudança linguística, forças internas e externas atuam no direcionamento das variantes produtivas no sistema. Mudanças deliberadas, instadas por planificação, como as relacionadas à expressão de gênero, evidenciam ainda mais a força externa para o impulsionamento das variantes. Para se tornar uma regra inferida na língua e ter abonação em instrumentos normativos, é preciso que as variantes sejam efetivamente usadas.

Se alguém me perguntar qual a regra que eu defendo e a regra que tento seguir, a resposta é a do gênero inclusivo. Eu sou mulher e, como mulher, não me sinto representada pelo masculino genérico. Não me sinto confortável em ter minha feminilidade anulada por uma marca que é naturalizada como genérica. Se a sala tem nove mulheres e um homem, não acho que é correto que a referência coletiva seja *todos*. É por isso que eu defendo a regra de gênero inclusivo, com não binário quando pessoas que assim se identifiquem pertencerem ao grupo.

O masculino genérico é conveniente para uma hegemonia, a heterocisnormatividade masculina. Na cisnormatividade, há hierarquia: o feminino sempre é o gênero apagado (e o caso da reação negativa à *presidenta* e a indiferença a *primeiro-cavalheiro* ilustra essa hierarquia). E não querer identificar gênero para incluir quem é transgênero, no sentido de neutralizar ou de dessexualizar a língua, acaba excluindo mais uma vez o feminino.

Vemos "pessoa que menstrua", "pessoa que amamenta" ou "pessoa que tem útero" em substituição à "mulher", mas não vemos equivalente para homem. Ainda, no anseio por não identificar o gênero buscando de incluir quem não é cisgênero, fugindo do sexismo, acaba-se excluindo outro grupo, o das pessoas que envelhecem, e caindo no etarismo. Do mesmo modo, em referência ampliada a um conjunto de pessoas, trocar "todos" por "todes" é trocar uma forma por outra que, mais uma vez, não inclui o feminino.

Não se trata de negar a existência de marcas não binárias ou não reconhecer identidades trans, mas, sim, da defesa de um ponto de vista de diversidade inclusiva, não neutralizante. O apagamento de marcas de gênero na tentativa de incluir aquilo que não é heterocisnormativo exclui o feminino e invisibiliza tanto uma trajetória de lutas dos movimentos feministas quanto uma série de tradições dos movimentos conservadores. A troca de um genérico por outro só reforça a subalternidade feminina.

Mesmo com o rótulo "linguagem neutra", precisamos ter consciência de que não existe neutralidade na língua, assim como não existe neutralidade de gênero quando em referência a pessoas. A ciência tenta ser neutra, mas cientistas não são. Como mulher linguista, defendo e tento usar as regras de gênero inclusivo.

DA MILITÂNCIA AO ATIVISMO

As pautas identitárias têm alcançado mudanças na sociedade brasileira que se manifestam também no nível linguístico, com os movimentos de linguagem não sexista, linguagem inclusiva e linguagem neutra, que buscam igualdade, inclusão e diversidade na referência a gênero, respeitando a identidade e promovendo a não invisibilização.

No entanto, o alcance do movimento ainda fica restrito a uma bolha da militância. Para furar a bolha, é necessário sair da militância e passar para o ativismo. Militância é diferente de ativismo. A militância se refere à "forma como as pessoas se engajam e lutam por certas causas, ora com o sentido de substantivo, uma pessoa ou um grupo engajado em uma causa para defendê-la", uma espécie de "metodologia para produzir ações coletivas a fim de intervir, ou interferir, nas normas sociais vigentes".[1] A militância tem sido inócua e tem obtido pouco efeito para "mudar a ordem social existente, ou parte dela, e influenciar [...] decisões institucionais de governos e organismos referentes à definição de políticas públicas".[2]

É nos contextos mais igualitários que o ativismo ganha forma, em que a importância da participação pessoal é destacada. Isso ocorre por meio de estruturas de organização descentralizadas e com certo grau de autonomia, utilizando abordagens educacionais por meio de práticas e experiências e não limitadas apenas a argumentos de persuasão. No cenário brasileiro, foram os movimentos de junho de 2013 que marcaram o ponto de inflexão que levou a ascensão do ativismo em contraponto à militância.[3]

Nos estudos de gênero, impulsionada por mulheres mais jovens que usam a internet e as mídias sociais para desafiar a desigualdade de gênero, a quarta onda do movimento feminista se caracteriza pela incredulidade quanto ao fato de certas atitudes continuarem existindo.[4] Precisamos de menos militância e mais ativismo.

O embate entre a pauta identitária e a onda ultraconservadora que têm predominado na sociedade aponta para a necessidade de proposição de ações de sensibilização e educação para a diversidade linguística na sociedade brasileira, o que não se consegue com militância, mas, sim, com ativismo.[5] Uma postura ativista é se posicionar diante do sexismo na comunicação institucional. Em janeiro de 2023, o cartaz de acolhimento da Universidade Federal de Sergipe (UFS) tinha como texto "Estamos juntos". O Censo da Educação Superior apontou que, em 2020, havia 3.149.703 mulheres matriculadas em instituições de ensino superior brasileiras, correspondendo a 57% do total de estudantes de ensino superior no país.[6] O percentual de estudantes universitárias da Universidade Federal de Sergipe no segundo semestre de 2022 era de aproximadamente 55%. Entre profissionais da educação, no corpo docente havia 582 mulheres e 638 homens e, no corpo técnico-administrativo, havia 772 mulheres e 625 homens. A comunidade da UFS é, portanto, majoritariamente feminina. Assim, causa estranhamento que uma ação de acolhimento esteja flexionada no masculino. Ainda que se alegue que o masculino seja a forma genérica para se referir a um grupo de pessoas, a regra hegemônica (1), em respeito à diversidade, a comunicação inclusiva é uma demanda que precisa ser considerada em uma sociedade democrática e plural, com o uso de regras inclusivas quanto ao gênero, como a (2) e a (3). Parece que a manifestação nas instâncias de comunicação institucional teve algum efeito, pois, no segundo semestre de 2023, a comunicação optou por não incluir palavras sexistas, apenas com a palavra "acolhimento".

Esse fato ilustra o quanto a atuação explícita na reivindicação por inclusão ainda se faz necessária. A marcação pela língua é a entrada em território de poder, é uma questão de respeito, de inclusão. A adoção de políticas de inclusão que visam à diminuição das desigualdades não pode deixar de fora a inclusão e a visibilidade do gênero. As ações para a educação para a diversidade linguística e sensibilização; no entanto, demandam lastro científico, com evidências empíricas. Seja pela perspectiva do gênero inclusivo seja do gênero neutro, esta pauta tem entrado na não só na agenda de pesquisa, mas na política educacional. No rol das ações afirmativas da expansão da educação superior, grupos que ficaram de fora das ações para a graduação foram contemplados na pós-graduação; é o caso de pessoas trans e travestis, por exemplo.[7] Isso não significa que haja uma associação direta entre as pessoas trans e travestis, ou mulheres, e pesquisar questões de linguagem inclusiva ou neutra, mas a diversidade positiva gerada pela inclusão torna o gênero saliente como tema de pesquisa. Não por acaso as pesquisas empíricas sobre o tema concentram-se em uma bolha, escolarizada e com acesso às redes sociais. Para romper a bolha, é preciso mais ativismo. Sim, esse também é o nosso papel enquanto linguistas, em especial, sociolinguistas.

POSIÇÃO DE LINGUISTAS

Se não existe linguagem neutra, a ciência também não é neutra. Ou, melhor, a ciência até pode tentar ser neutra, mas quem a faz não é. A suposta posição de neutralidade é resultado do conforto da naturalização do *status quo* a quem lhe convém. Se não me incomoda, vou me isentar.

Estudando as relações entre língua e sociedade, a sociolinguística é uma área da Linguística que não pode ser neutra. Nessa área, há muita militância, em especial contra preconceito linguístico, e ainda muito pouco ativismo. Não basta bradar contra preconceito, é preciso ter atitudes antipreconceito (o que não vemos muito nas posturas de quem tem embandeirado essa causa). Tenho defendido o ativismo como pauta da área e tenho me mantido ativa, ocupando espaços de popularização da ciência e de programas de ensino de língua materna.[8] Mas não é tão simples assim.

Como vimos no capítulo anterior, as bases linguísticas para as justificativas dos projetos de lei voltados à proibição de linguagem neutra são pseudocientíficas ou distorcidas. Prevalecem argumentos do senso comum, que ignoram toda a tradição de pesquisa da área. Nas discussões promovidas nas audiências públicas sobre estes projetos, há pessoas de todas as áreas, menos especialistas em Linguística. Por exemplo, na audiência pública na Comissão de Educação, em 14 de junho de 2021, que discutiu o Projeto de Lei nº 211/2021,[9] que estabelece medidas protetivas à língua portuguesa, idioma oficial da República Federativa do Brasil e patrimônio cultural brasileiro, estiveram presentes:

> Sérgio Pachá, Lexicógrafo-Chefe da Academia Brasileira de Letras, de maio de 2002 a junho de 2009, e coordenador da equipe lexicográfica que preparou a 4ª edição do Vocabulário Ortográfico da Língua Portuguesa, da Academia Brasileira de Letras
> Sidney Luiz Silveira da Costa, jornalista, editor, escritor, professor e estudioso da filosofia medieval, conhecido por ser um dos maiores divulgadores da escolástica no Brasil, com ênfase na obra de São Tomás de Aquino
> Eduardo Vieira, professor de robótica, matemática, física e ciências, Presidente da Associação Brasileira de Pais pela Educação;
> Tânia Maria Pechir Manzur, Professora Adjunta do Instituto de Relações Internacionais da Universidade de Brasília, pesquisadora da relação entre opinião pública e política exterior do Brasil, fundadora e orientadora do Instituto de Pesquisa em Opinião Pública e Relações Internacionais e do Grupo de Estudos e Pesquisas em Negociações Internacionais.[10]

As contribuições da filosofia medieval, robótica, relações internacionais podem ser relevantes de alguma maneira para a discussão de linguagem neutra, mas não foram identificados, nas falas das pessoas que contribuíram para a discussão, o argumento relacionado com a sua área de formação, apenas repetição do senso comum. Um lexicógrafo teria contribuições específicas (destaque-se que estamos na 6ª edição do Volp, que, como dissemos, incluiu em relação à edição anterior mil palavras novas, incluindo estrangeirismos), como de fato apresentou: reconhecimento da mudança como inerente às línguas, mas equivocada ao afirmar que é "inconsciente e é muito lenta" (gastei algumas páginas para mostrar que há mudanças conscientes e deliberadas, e outras não tão lentas). O lexicógrafo evoca ainda a gramática de Evanildo Bechara, na parte em que ele trata da estrutura das palavras, diferenciando palavras e morfemas, em uma abordagem tributária da de Mattoso Câmara, explica os conceitos de neutralização e sincretismo – "A neutralização representa uma restrição no funcionamento das oposições distintivas existentes numa língua, quer no plano da fonologia, quer no plano gramatical (morfologia e sintaxe), quer no plano léxico."[11] – em que ele apresenta o não marcado ou neutro. Esta é uma explicação para a estrutura, não para a expressão de gênero nos substantivos, abordagem bastante detalhada e dinâmica, como vimos anteriormente.

A latente ausência de linguistas nas discussões dos projetos de lei não é exclusiva dessa situação, nem situação exclusiva da Linguística, mas de cientistas em geral, de todas as áreas. Cientistas ainda têm medo de mídia; a pandemia nos forçou nas incursões, mas ainda temos receios. Enquanto nos omitirmos, são essas as explicações que ganham espaço na mídia:

> Pronome neutro no português?
> Atualmente, no português, o masculino também cumpre função de plural. No entanto, nem sempre foi assim. No latim, havia um pronome neutro, além do feminino e do masculino. "Isso mudou quando o latim virou o português arcaico. Decidiu-se pela abolição do neutro e adoção do masculino para o plural".[12]

A explicação simplista, ignorando a gramática latina (lembrando que não havia gênero nos pronomes pessoais e possessivos, apenas nos demonstrativos, e o neutro era atribuído a coisas e não a pessoas) e atribuindo a mudança a uma decisão deliberada demonstra o quanto a educação científica para o conhecimento da língua é falha na sociedade brasileira.

O posicionamento explícito e a produção de evidências que embasem argumentos são cruciais para o avanço da ciência. As discussões sobre linguagem não sexista, linguagem inclusiva e linguagem neutra demandam evidências científicas, seja para promover a difusão e a educação científica para o conhecimento da língua, seja apresentando possibilidades de intervenção como forma de contribuição social. Enquanto linguistas se omitirem desse debate, prevalecerão direções de julgamento como certo ou errado sobre as formas de linguagem.

E A ESCOLA?

De todas as causas alegadas para projetos de lei proibindo linguagem neutra, a de maior impacto e apoio popular é, sem dúvida, a preocupação com a educação. O medo que estudantes aprenderiam errado, o medo de que sequer aprenderiam (ou entenderiam) o que é uma marca não binária de gênero, ou que o seu uso geraria um prejuízo à comunicação. Todos esses mitos são desfeitos com ciência linguística.

Quem propõe o projeto de lei ganha seus segundos de fama, a mídia ganha uma pauta de apelo, e ao final a escola paga a conta. Ou melhor, a escola não, porque a escola é este ente abstrato sobre que todo mundo quer palpitar sem sequer conhecer ou frequentar. Quem paga a conta é quem está na linha de frente: são professoras e professores, com demissão sumária, sem direito à defesa, e ao estar cumprindo aquilo que é preconizado pelos documentos norteadores da educação brasileira.

- "Colégio demite professora gravada ensinando linguagem neutra a alunos em SC"[13]
- "Professor é demitido após discussão sobre linguagem neutra em sala de aula"[14]
- "Professor demitido por falar 'bem-vindes' luta na Justiça contra colégio de BH"[15]

Um primeiro olhar poderia sugerir que a demissão é decorrente da falta de alinhamento com as premissas institucionais, colégios particulares, ditos tradicionais ou confessionais, mais resistentes às inovações (ou mesmo à ciência). Mas o primeiro olhar é falacioso, o mesmo tem acontecido em escolas da rede pública:

- "Professor deixa aula de lado para debater "todes" e causa revolta, em Rio do Sul"[16]

No final, quem paga a conta é quem está na linha de frente, são docentes em sala de aula, no chão da escola. Não adianta colocar a escola em uma bolha, as mudanças da língua chegam à escola, chegam à sala de aula e até as provas de concurso público, Enem e vestibular. As estratégias que permitem a emergência de marcas não binárias para se referir a gênero de pessoas são objeto de atenção, dúvida, curiosidade, queira a escola ou não. E, se não chegam por demanda de estudantes, podem chegar via currículo.

O tratamento à diversidade linguística tem permeado o currículo da área de linguagens já há muito tempo, desde os Parâmetros Curriculares Nacionais, no final da década de 1990. Com a Base Nacional Curricular Comum (BNCC), a diversidade linguística é alçada a direito de aprendizagem: "A escola precisa, assim, comprometer-se com essa variedade de linguagens que se apresenta na TV, nos meios digitais, na imprensa, em livros didáticos e de literatura e outros suportes, tomando-as objetos de estudo a que os estudantes têm direito."[17]

Alçada à direito de aprendizagem na BNCC, a diversidade linguística passa a ser um direito difuso, ou seja, é transindividual, atendendo a uma coletividade. Se o tratamento da diversidade linguística é um direito de aprendizagem expresso pela BNCC, por que professoras e professores estão sendo demitidos? É importante examinar o modo como se dá a entrada do conteúdo e de que maneira é explorado, em especial na relação com o ensino de gramática.

Gênero é codificado na gramática da língua, e algumas questões mal resolvidas com o ensino de gramática prejudicam um tratamento alinhado às diretrizes da BNCC e as discussões sobre as marcas não binárias para expressão de gênero de pessoas.

A escola não ensina gênero, ensina sexismo

A sociedade que tributa chá revelação, que define quem seremos a partir de pistas morfológicas antes mesmo de chegarmos ao mundo, não perderia a oportunidade de reforçar a heterocisnormatividade de gênero na escola, com uniforme de menino e o uniforme de menina, nas filas de menino e de menina, nas listas de brinquedo de menino e de menina. Antes que bradem que nem todas as escolas são assim, que hoje já não há mais distinção de uniforme, que não se faz mais fila para entrar em sala, ainda há escolas que de alguma maneira replicam este padrão, e uma constante sexista ainda vai existir: banheiro feminino e banheiro masculino. Tenho uma grande experiência em visitar escolas com atividades de popularização da ciência, com mais de 10 anos de atuação, que me permitiu conhecer muitas e diferentes realidades, mas uma sempre foi constante: já vi banheiro sem água, com a porta quebrada ou sem pia, mas até hoje não encontrei em escola banheiro unissex (salvo, muito raramente, para professores). São, portanto, infundadas as críticas de movimentos que dizem que as escolas querem neutralizar o gênero com a adoção de banheiros unissex nas escolas (curiosamente, em avião não existe esse problema). A escola continua reforçando sexismos e conformando os papéis de gênero.

E isso a escola faz muito bem na aula de língua portuguesa, com exaustivos exercícios de passar as palavras para o feminino, ligar o masculino com o feminino, classificas as palavras em masculino ou feminino, entre outros, num exercício não de gramática, mas de hete-rocisnormatividade. Se gênero gramatical no português é importante como classificação, então a escola deve incluir esse conhecimento no currículo. No entanto, o que temos hoje não é a discussão se é "o alface" ou "a alface", e sim qual é o feminino de pai.

Em uma sociedade também com famílias monoparentais ou multipa-rentais, que faz com que efemérides escolares sejam repensadas, como a do dia das mães e a reunião dos pais, exercícios de passar para o feminino se tornam um anacronismo que reforça estereótipos e estimula preconceitos. Como se pode supor que uma escola terá um banheiro unissex com base em exercícios de passar para o feminino, em que o sexismo binário é refor-çado, em que a força heterocisnormativa age com toda a sua intensidade?

A escola não ensina diversidade linguística, mas deveria

O Brasil é um país de dimensões continentais que, por efeito de políticas linguísticas intensas, é percebido como monolíngue. Aqui se fala português, está na Constituição, e a ideologia que circula na sociedade é de que o portu-guês é único. Nada mais equivocado e incorreto do ponto de vista científico.

O Instituto do Patrimônio Histórico e Artístico Nacional (IPHAN) estima que atualmente sejam faladas ou sinalizadas no Brasil cera de 250 línguas.[18] O mito do monolinguismo no Brasil é resultado de ações políticas. Somente em três censos populacionais do Instituto Brasileiro de Geografia e Estatística (IBGE) houve a inclusão de perguntas relativas a línguas, em 1950, 1960 e 2010.[19] Mesmo dentro do português, há varia-ção, seja em contraste com as variedades europeias e africanas, seja em contraste com as variedades dentro do próprio Brasil. A sociolinguística brasileira tem já um robusto corpo de evidências desta variação, que se reflete já em gramáticas, especialmente as que se sinalizam como gramáticas do português brasileiro, tais como as de Ataliba Castilho[20] e de Mário Perini,[21] por exemplo, e esse conhecimento de variação reverbera no campo educacional, com diretrizes de ensino que consideram a variação como constitutiva das línguas, com os valores subjacentes às práticas de linguagem e o papel social da escola frente à diversidade linguística.

Apesar dos avanços no campo científico da sociolinguística, que se espraiam para os programas de ensino e avaliações oficiais, as ideologias que circulam na sociedade brasileira bloqueiam a sensibilidade à variação. Antes da polêmica de gênero, um dos exemplos mais emblemáticos de como a sociedade recebe a diversidade do português brasileiro foi o episódio do livro didático, já apresentado no capítulo "A percepção das regras". Um livro didático para a educação de jovens e adultos, *Por uma vida melhor*, que trazia exemplos do português brasileiro coloquial falado, especificamente de concordância nominal e verbal em frases como "Os livro mais interessante estão emprestado" e "Nós pega o peixe", foi execrado pela mídia, por supostamente ensinar errado.[22]

O livro didático tratou de um fenômeno variável amplamente descrito no campo da sociolinguística, e que já faz parte da formação inicial de docentes de língua portuguesa, que é a concordância. A inclusão da variação linguística nos programas de ensino de língua materna, no entanto, apesar de todos os avanços da ciência linguística, ainda é muito tímida. Via de regra, livros didáticos ignoram o fato de que no Brasil se falam (e se sinalizam!) outras línguas que não o português, reforçando ainda mais a ideologia do monolinguismo. Quando tratada, a variação linguística fica restrita ao nível lexical, apresentada como uma curiosidade, como saber que se fala aipim, mandioca e macaxeira, ou pipa, papagaio e pandorga.

Eventualmente, a variação linguística é introduzida como um sotaque, a percepção das diferenças da língua no nível fonológico ou suprassegmental, e associada a características de um grupo. As atividades propostas são a de reescrever a fala de personagens de tirinhas, corrigindo os erros. Em uma cultura escolar em que prevalece uma variedade como padrão, e as demais variedades consideradas como erros a serem corrigidos, introduzir uma discussão como a de marcas não binárias fica muito mais difícil. A intolerância generalizada, com extremismos que vão da discriminação ao cancelamento, é um efeito de superfície da falta de empatia com a diversidade.

A formação cidadã preconizada pela Lei de Diretrizes e Bases da Educação[23] tem sua implementação na área de linguagens por meio de direitos de aprendizagem na Base Nacional Curricular Comum voltados para a sensibilidade à diversidade linguística. Introduzir a temática da diversidade por meio da variação linguística é um bom ponto de partida para refletir sobre as intolerâncias dos dias atuais. Trazer a discussão de linguagem inclusiva ou de linguagem neutra para a sala de aula é uma ação para combater a intolerância. Mas não pode ser um caso isolado, precisa ser sistemática e contextualizada em práticas que valorizem a diversidade.

A escola não tem ensinado gramática, e faz falta

O ensino de gramática está em crise na escola, e não é de hoje. Nunca foi uma questão de se deveria (sim, deve), mas como e por que ensinar gramática. Há todo um conjunto de reflexões que situam essa questão já há mais de 50 anos no Brasil (Mattoso Câmara já tinha preocupações com essa questão, como visto no capítulo "Gênero na tradição gramatical") e não vou me alongar nela. No entanto, as orientações para o tratamento pedagógico da gramática são escorregadias, ou sequer existentes na prática. Frequentemente, entram em cena outras formas de se chamar o conhecimento gramatical, mas que por vezes são insuficientes.

A escola precisa assumir que gramática é um conhecimento científico, e como tal tem terminologia e conceitos.[24] Não se trata de ensinar somente conceitos e terminologias, ou a terminologia pela terminologia, mas um pouco de terminologia e conceituação se faz necessário, assim como em qualquer campo da ciência. Não é possível ensinar célula ou átomo sem terminologias e conceitos da biologia e da física, respectivamente. Assim, também não é possível discutir marcas não binárias de gênero sem evocar a terminologia de gramática: como discutir a emergência de marcas não binárias sem ter o conceito de pronome? Ou de desinência (morfema)? Chamamos esse conhecimento de conhecimento metalinguístico, o uso da língua para falar da língua.

A ausência de formação científica sobre a língua, mais especificamente, o conhecimento da sua metalinguagem, leva ao desconhecimento sobre como agir em determinadas situações. Uma delas é a do pronome preferido, em que as pessoas informam quais são os pronomes pelos quais gostariam de ser tratadas. Eu, Raquel, gostaria de ser tratada com pronomes femininos, como *ela*, *dela*, *sua*. E, geralmente, sou tratada assim, pois na maior parte do tempo dou pistas de que sou mulher, ou pelo menos acredito nisso (menos em uma vez em que por duas vezes fui tratada no masculino, primeiro um atendente me chamou de senhor e, depois, uma mulher me disse que eu estava no banheiro feminino; eu recém tinha cortado o cabelo bem curto, e estava vestida com um abrigo preto, com capuz). Pessoas não binárias ou pessoas trans podem ter preferências de pronomes que não são tão acessíveis multissemioticamente. Daí a pergunta: qual é o seu pronome?

Foi essa a pergunta que gerou uma suposta como esquete de humor (foi aventada a hipótese de que era ensaiado) que mostrou o desconhecimento do conceito de pronome. Um influenciador perguntava para pessoas famosas em uma festa qual era o seu pronome.[25] Duas mulheres disseram que seus pronomes eram "ela/dela". No entanto, outra respondeu o nome de um clube "meu pronome é Atlético Mineiro"; outra disse que seu pronome é *"hello"*, e outra confundiu pronome com apelido.[26]

Mas, sem conhecimento de como funciona a gramática, com terminologia e conceito, é impossível responder à questão da prova do vestibular da Unicamp 2024, que tomava como suporte a expressão "últimes entrades" no cartaz de um show do cantor Djavan em Barcelona e perguntava quais marcas linguísticas foram tomadas equivocadamente como referência à linguagem neutra. Sem evocar o conceito de concordância e de categorias como substantivo e adjetivo, não é possível explicar o que acontece. É necessário, pois, conhecimento do funcionamento da língua e da sua metalinguagem para entender o funcionamento.

O conhecimento da língua enquanto objeto da ciência, com o domínio da metalinguagem, é crucial não só para a compreensão da emergência de marcas não binárias, mas para toda e qualquer questão relacionada à língua. Por isso, para a discussão sobre língua na escola, na prática pedagógica, não ser sugada pelas ideologias, é preciso haver posicionamento e ativismo de cientistas.

A CIÊNCIA PODE TENTAR SER NEUTRA; CIENTISTAS, NÃO

A ausência de linguistas no debate e a distância entre o que se discute na academia sobre Linguística e o que chega na escola são fatores que contribuem para a criminalização e o cancelamento de um fato que é natural às línguas, a variação e a mudança.

Precisamos de um ativismo com responsabilidade e embasado em dados e em boa ciência, sob pena de cairmos no espectro do negacionismo nefasto, que em nada fortalece as pautas. Ativismo sem lastro científico é panfletagem. Nem sempre nossas vontades se reverberam em dados; a regularização da referência a gênero não binário é uma demanda que, neste momento, ainda não se materializa na língua. Ou, ao menos, as evidências empíricas coletadas até o momento não suportam as hipóteses pautadas nos movimentos identitários e inclusivistas. A conjuntura requer mais pesquisa e continuidade da divulgação, ações que são igualmente importantes.

Linguistas ainda têm pronunciamentos muito tímidos nesse debate e temos ainda muito o que avançar. Uma das primeiras pessoas a firmar voz em relação ao fenômeno foi Maria Helena de Moura Neves, mulher, gramática, linguista, professora: "Considero um equívoco o uso desse termo 'linguagem neutra' para a proposta que ele representa. Na verdade, esse movimento visa a inclusão social, sem discriminações, de todos os grupos da sociedade, tratando-se, pois, da proposta de uma 'linguagem inclusiva', ou 'língua inclusiva', o que é extremamente louvável".[27]

Maria Helena de Moura Neves não nega a existência de marcas não binárias para expressar gênero, só destaca que o rótulo que foi atribuído não é o mais adequado, posição com a qual eu não só concordo como defendo publicamente (e fica meu tributo à professora Maria Helena aqui).

A Academia Brasileira de Letras também se pronunciou, em uma postura não diferente do que se esperaria de uma instituição como essa, com prudência e conservadorismo. Muito prudentemente, o seu presidente reconhece que não é responsabilidade da academia tomar uma decisão sobre o uso de linguagem neutra. Para além da sua responsabilidade institucional, Merval Pereira diz que a escolha sobre adotar ou não linguagem neutra recai sobre quem está na escola, professores e professoras, mas que ele, pessoalmente, acredita que este não seja o momento adequado.[28]

As posições públicas são importantes para basilar a discussão na sociedade, mas, sobretudo, para amparar quem está no chão da escola. Retomando o que dizia Faraco, "a linguística não conseguiu ainda ultrapassar as paredes dos centros de pesquisa e se difundir socialmente, de modo a fazer ressoar seu discurso em contraposição aos outros discursos que dizem a íngua no Brasil...".[29]

De tempos em tempos, a Linguística entra na pauta da mídia, quase sempre na posição de desfazimento dos mitos que geraram o fato da notícia. Foi assim há duas décadas, com o projeto de lei que proibia estrangeirismos, há uma década no episódio do livro didático, e agora com a discussão na mídia sobre o tema de linguagem neutra. Enquanto nos casos anteriores houve a formação de consenso na área, neste caso, há diferentes vertentes, desde a que defende linguagem neutra, a que defende linguagem inclusiva, a do masculino não marcado e a ciência isenta, de quem não se compromete porque o *status quo* lhe convêm não se comprometer. Isso nos leva a discutir também a relação entre ciência e opinião, militância e ativismo, e a suposta isenção de cientistas.

Por isso, não basta fazer ciência, é preciso assumir uma postura ativa em relação ao conhecimento. O ativismo também assume a vertente pedagógica, por meio da popularização da linguística. A difusão de ideias é importante para mudar opiniões e mudar práticas. Não é a Linguística, como ciência, que vai ultrapassar paredes. São as pessoas linguistas que têm consciência do seu papel, cientes dos vieses e das responsabilidades. Lançar ideias sem dar suporte a quem está no chão da sala ou assumir que seu viés é o único são dois dos problemas que precisamos enfrentar. Daí a importância da diversidade de vieses nesse debate e o diálogo com a sociedade, com a mídia, com a escola. Temos muito o que fazer.

Em frente!

Notas

[1] SALES, André Luis Leite de Figueirêdo; FONTES, Flávio Fernandes; YASUI, Silvio. Para (re)colocar um problema: a militância em questão. *Trends in Psychology*, v. 26, 2018, p. 567-568.

[2] MACHADO, Jorge Alberto S. Ativismo em rede e conexões identitárias: novas perspectivas para os movimentos sociais. *Sociologias*, n. 18, 2007, p. 253.

[3] GOHN, Maria da Glória. *Participação e democracia no Brasil*: da década de 1960 aos impactos pós-junho de 2013. Petrópolis: Vozes, 2019.

[4] WRYE, Harriet Kimble. The fourth wave of feminism: Psychoanalytic perspectives introductory remarks. *Studies in Gender and Sexuality*, v. 10, n. 4, p. 185-189, 2009.

150 Não existe linguagem neutra!

[5] LAU, op. cit.

[6] BRASIL. Instituto Nacional de Estudos e Pesquisas Educacionais Anísio Teixeira. *Microdados do Censo da Educação Superior*. Brasília, DF: Inep, 2020f.

[7] VENTURINI, Anna Carolina; FERES JÚNIOR, João. Política de ação afirmativa na pós-graduação: o caso das universidades públicas. *Cadernos de Pesquisa*, v. 50, p. 882-909, 2020.

[8] FREITAG, Raquel Meister Ko. A quarta onda: ativismo sociolinguístico no Brasil. *Fórum Linguístico*, v. 20, n. 3, p. 9401-9419, 2023.

[9] BRASIL, 2021h, op. cit.

[10] Transcrição da audiência em https://escriba.camara.leg.br/escriba-servicosweb/pdf/61765. Acesso em: 25 fev. 2024.

[11] BECHARA, 2009, op. cit., p. 44.

[12] Trecho de reportagem disponível em https://g1.globo.com/educacao/noticia/2023/01/06/todes-saiba-o-que-e-a-linguagem-neutra-usada-em-eventos-do-governo-lula.ghtml. Acesso em: 25 fev. 2024.

[13] Colégio demite professora gravada ensinando linguagem neutra a alunos em SC. Reportagem disponível em: https://noticias.uol.com.br/cotidiano/ultimas-noticias/2023/09/27/colegio-demite-linguagem-neutra.htm. Acesso em: 25 fev. 2024.

[14] Professor é demitido após discussão sobre linguagem neutra em sala de aula; ouça. Reportagem disponível em: https://ric.com.br/prja/internet/professor-e-demitido-apos-discussao-sobre-linguagem-neutra-em-sala-de-aula-ouca/ Acesso em: 25 fev. 2024.

[15] Professor demitido por falar 'bem-vindes' luta na Justiça contra colégio de BH. Reportagem disponível em: https://www.otempo.com.br/cidades/professor-demitido-por-falar-bem-vindes-luta-na-justica-contra-colegio-de-bh-1.2849627. Acesso em: 25 fev. 2024.

[16] Professor deixa aula de lado para debater "todes" e causa revolta, em Rio do Sul. Reportagem disponível em: https://rwtv.com.br/professor-deixa-aula-de-lado-para-debater-todes-e-causa-revolta-em-rio-do-sul/. Acesso em: 25 fev. 2024.

[17] BRASIL, 2016b, op. cit., p. 87.

[18] Disponível em: http://portal.iphan.gov.br/indl. Acesso em: 25 fev. 2024.

[19] FREITAG, Raquel Meister Ko.; SAVEDRA, Mônica Maria Guimarães. *Mobilidades e contatos linguísticos no Brasil*. São Paulo: Blucher, 2023.

[20] CASTILHO, op. cit.

[21] PERINI, op. cit.

[22] RAMOS, Heloísa. *Por uma vida melhor:* Educação de Jovens e Adultos. vol. 2. São Paulo: Global Ação Educativa, 2009. (Coleção Viver e Aprender).

[23] BRASIL. Presidência da República. Ministério de Educação e Cultura. *Lei nº 9.394/1996*, de 20 de dezembro de 1996. Estabelece as diretrizes e bases da educação nacional. Brasília, DF, 1996. Disponível em https://www.planalto.gov.br/ccivil_03/leis/l9394.htm. Acesso em: 15 jan. 2024.

[24] BORGES NETO, José. *Algumas observações sobre o ensino de gramática*. [Texto de conferência proferida no VI ELFE, Maceió, 2012]. Disponível em: https://docs.ufpr.br/~borges/publicacoes/para_download/texto_ELFE.pdf. Acesso em: 15 jan. 2024.

[25] BRASIL: Durante evento, Matheus Mazzafera pergunta para famosos quais são os pronomes deles e nível de burrice viraliza. Disponível em: https://x.com/choquei/status/1715538884208042119?s=20. Acesso em: 25 fev. 2024.

[26] Famosos viralizam após responderem 'Atlético Mineiro' e 'hello' em perguntas sobre pronomes. Reportagem disponível em: https://f5.folha.uol.com.br/celebridades/2023/10/famosos-viralizam-apos-responderem-atletico-mineiro-e-hello-em-perguntas-sobre-pronomes.shtml. Acesso em: 25 fev. 2024.

[27] Professora e linguista com 70 anos no serviço público vê equívoco em termo "linguagem neutra" . Reportagem disponível em: https://www1.folha.uol.com.br/educacao/2022/03/professora-e-linguista-com-70-anos-no-servico-publico-ve-equivoco-em-termo-linguagem-neutra.shtml. Acesso em: 25 fev. 2024.

[28] ABL na mídia - Gazeta do Povo - Academia Brasileira de Letras não vê razão para adoção oficial da linguagem neutra. Reportagem disponível em: https://www.academia.org.br/noticias/abl-na-midia-gazeta-do-povo-academia-brasileira-de-letras-nao-ve-razao-para-adocao-oficial. Acesso em: 25 fev. 2024.

[29] FARACO, 2001, op. cit., contracapa.

Referências

ALMEIDA, Napoleão Mendes de. *Gramática metódica da língua portuguesa*. 46. ed. São Paulo: Saraiva, 1998.

AUROUX, Sylvain. *A revolução tecnológica da gramatização*. Campinas: Ed. Unicamp, 1992.

AZEREDO, José Carlos de. *Gramática Houaiss da Língua Portuguesa*. São Paulo: Publifolha, 2008.

BAKER, Roger. *Drag*: a History of Female Impersonation in the Performing Arts. New York: New York University Press, 1994.

BALDEZ, Diovana da Silveira. *O uso da marcação de gênero neutro no Twitter por uma perspectiva sociolinguística*. 2022. Dissertação (Mestrado) – Pontifícia Universidade Católica do Rio Grande do Sul, 2022.

BARBOSA FILHO, Fábio; OTHERO, Gabriel. *Linguagem "neutra"*: língua e gênero em debate. São Paulo: Parábola, 2022.

BARBOSA, Soares. *Grammatica philosophica da lingua portugueza*: ou principios da grammatica geral aplicados à nossa linguagem (1822). 5. ed. Lisboa: Typ. da Academia das Sciencias, 1871, p. 86. Disponível em: https://bibdig.biblioteca.unesp.br/bitstreams/12d1ccb7-67d1-4ca1-b8e4-3eb-cb19445fd/download. Acesso em: 25 fev. 2024.

BARROS, João de. *Grammatica da lingua portuguesa*. Olyssipone: Lodouicum Rotorigiu, Typographum, 1540, p. 22. Disponível em https://purl.pt/12148/1/index.html#/1/html. Acesso em: 25 fev. 2024.

BARROZO, Thais Aranda; AGUILERA, Vanderci. Sexo e linguagem: uma análise a partir das sabatinas dos ministros do Supremo Tribunal Federal Joaquim Barbosa e Rosa Weber. *Revista da ABRALIN*, v. 13, n. 1, p. 13-38, 2014.

BARKER, M. *Genderqueer and non-binary genders*. London: Palgrave Macmillan, 2017.

BATISTA, Gisele Mendes; FREITAG, Raquel Meister Ko. Para uma revisão da linguagem jurídica em sentenças judiciais. *Lengua y Sociedad*, v. 21, n. 2, p. 257-273, 2022.

BEAR BERGMAN, S.; BARKER, Meg-John. Non-binary activism. In: RICHARDS, Cristina; BOUMAN, Walter Pierre; BARKER, Meg-John. *Genderqueer and Non-Binary Genders*. Palgrave Macmillan, 2017, p. 31-51.

BECHARA, Evanildo (Coord.). *Vocabulário Ortográfico da Língua Portuguesa*. 6. ed. [adaptada ao VOC]. Rio de Janeiro: Academia Brasileira de Letras, 2017.

BECHARA, Evanildo. *Moderna gramática portuguesa*. 37. ed. Rio de Janeiro: Nova Fronteira, 2009.

BECHARA, Evanildo. *Moderna gramática portuguesa*. 39. ed. Rio de Janeiro: Nova Fronteira, 2019.

BELL, Allan. Language style as audience design. *Language in society*, v. 13, n. 2, p. 145-204, 1984.

BERTUCCI, Pri; ZANELLA, Andréa. *Manifesto ile para uma comunicação radicalmente inclusiva*. Disponível em: https://diversitybbox.com/manifesto-ile-para-uma-comunicacao-radicalmente-inclusiva/. Acesso em: 15 jan. 2024.

BORGES NETO, José. *Algumas observações sobre o ensino de gramática*. [Texto de conferência proferida no VI ELFE, Maceió, 2012]. Disponível em: https://docs.ufpr.br/~borges/publicacoes/para_download/texto_ELFE.pdf. Acesso em 15 jan. 2024.

BRASIL. Presidência da República. *Lei n° 2.749*, de 2 de abril de 1956. Rio de Janeiro: Palácio do Catete, 1956. Disponível em: https://www2.camara.leg.br/legin/fed/lei/1950-1959/lei-2749-2-abril-1956-355226-publicacaooriginal-1-pl.html. Acesso em: 15 jan. 2024.

BRASIL. *Constituição da República Federativa do Brasil de 1988*. Brasília, DF: Presidência da República, 1988. Disponível em: https://www.planalto.gov.br/ccivil_03/constituicao/constituicao.htm. Acesso em: 15 jan. 2024.

BRASIL. Presidência da República. Ministério de Educação e Cultura. *Lei n° 9.394/1996*, de 20 de dezembro de 1996. Brasília, 1996. Disponível em https://www.planalto.gov.br/ccivil_03/leis/l9394.htm. Acesso em: 15 jan. 2024.

BRASIL. Ministério da Educação e do Desporto. *Parâmetros Curriculares Nacionais*. Secretaria de Educação Fundamental, Brasília, 1998.

BRASIL. Câmara dos Deputados. *Projeto de Lei n° 1.676*, de 15 de setembro de 1999. Brasília: Câmara dos Deputados, 1999. Disponível em: https://imagem.camara.gov.br/Imagem/d/pdf/DCD04NOV1999.pdf#page=106. Acesso em: 15 jan. 2024.

BRASIL. Câmara dos Deputados. *Projeto de Lei n° 4.610*, de 8 de maio de 2001. Brasília, 2001. Disponível em: https://www.camara.leg.br/proposicoesWeb/prop_mostrarintegra?codteor=1134&filename=PL%204610/2001. Acesso em: 15 jan. 2024.

BRASIL. Senado Federal. *Parecer n° 561*, de 24 de junho de 2004. Brasília, 2004, p. 19360. Disponível em: https://legis.senado.leg.br/diarios/ver/967?sequencia=247. Acesso em: 15 jan. 2024.

BRASIL. Senado Federal. *Projeto de Lei n° 12*, de 16 de fevereiro de 2005. Brasília, 2005. Disponível em: https://www25.senado.leg.br/web/atividade/materias/-/materia/72413. Acesso em: 15 jan. 2024.

BRASIL. Câmara dos Deputados. *Projeto de Lei n° 6.383*, de 11 de novembro de 2009. Brasília, 2009a. Disponível em: https://www.camara.leg.br/proposicoesWeb/fichadetramitacao?idProposicao=458933. Acesso em: 15 jan. 2024.

BRASIL. Câmara dos Deputados. *Projeto de Lei n° 6.653*, de 16 de dezembro de 2009. Brasília, 2009b. Disponível em: https://www.camara.leg.br/proposicoesWeb/prop_mostrarintegra?codteor=727123&filename=PL%206653/2009 Acesso em: 15 jan. 2024.

BRASIL. Câmara dos Deputados. *Projeto de Lei n° 4.857*, de 12 de março de 2009. Brasília, 2009c. Disponível em: https://www.camara.leg.br/proposicoesWeb/prop_mostrarintegra?codteor=637805&filename=PL%204857/2009. Acesso em: 15 jan. 2024.

BRASIL. Casa Civil. *Lei n° 1.2605*, de 3 de abril de 2012. Brasília: Palácio do Planalto, 2012a. Disponível em: http://www.planalto.gov.br/ccivil_03/_ato2011-2014/2012/lei/l12605.htm. Acesso em: 15 jan. 2024.

BRASIL. Senado Federal. *Manual de Comunicação*. Brasília, 2012b. Disponível em: https://www12.senado.leg.br/manualdecomunicacao/estilos/presidente-presidenta. Acesso em: 25. fev. 2024.

BRASIL. Câmara dos Deputados. *Projeto de Lei n° 3.756*, de 25 de novembro de 2015. Brasília, 2015. Disponível em: https://www.camara.leg.br/proposicoesWeb/prop_mostrarintegra?codteor=1417417&filename=PL%203756/2015. Acesso em: 15 jan. 2024.

BRASIL. Senado Federal. *Impeachment: o julgamento da Presidente Dilma Rousseff pelo Senado Federal*. Brasília: 2016a. Disponível em: https://www2.senado.leg.br/bdsf/handle/id/524566. Acesso em: 15 jan. 2024.

BRASIL. Ministério da Educação. *Base Nacional Comum Curricular*. Brasília, DF: MEC/SEB, 2016b.

BRASIL. Presidência da República. *Lei n° 13.642*, de 3 de abril de 2018. Brasília: Palácio do Planalto, 2018. Disponível em: http://www.planalto.gov.br/ccivil_03/_ato2015-2018/2018/lei/L13642.htm. Acesso em: 15 jan. 2024.

BRASIL. Câmara dos Deputados. *Projeto de Lei n° 6.256*, de 3 de dezembro de 2019. Institui a Política Nacional de Linguagem Simples nos órgãos e entidades da administração pública direta e indireta. Brasília, 2019. Disponível em: https://www.camara.leg.br/proposicoesWeb/prop_mostrarintegra?codteor=2373593&filename=Tramitacao-PL%206256/2019. Acesso em: 25 fev. 2024.

BRASIL. Câmara dos Deputados. *Projeto de Lei n° 5.248*, de 24 de novembro de 2020. Brasília: Câmara dos Deputados, 2020a. Disponível em: https://www.camara.leg.br/propostas-legislativas/2265570. Acesso em: 15 jan. 2024.

BRASIL. Câmara dos Deputados. *Projeto de Lei n° 5.198*, de 18 de novembro de 2020. Brasília: Câmara dos Deputados, 2020b. Disponível em: https://www.camara.leg.br/propostas-legislativas/2265327. Acesso em: 15 jan. 2024.

BRASIL. Câmara dos Deputados. *Projeto de Lei n° 5.632*, de 22 de dezembro de 2020. Brasília: Câmara dos Deputados, 2020c. Disponível em: https://www.camara.leg.br/proposicoesWeb/prop_mostrarintegra?codteor=1955454&filename=PL%205632/2020. Acesso em: 15 jan. 2024.

Referências 153

BRASIL. Câmara dos Deputados. *Projeto de Lei n° 5.385*, de 4 de dezembro de 2020. Brasília, 2020d. Disponível em: https://www.camara.leg.br/proposicoesWeb/prop_mostrarintegra?codteor=1946645. Acesso em: 15 jan. 2024.

BRASIL. Câmara dos Deputados. *Projeto de Lei n° 5.422*, de 7 de dezembro de 2020. Brasília, 2020e. Disponível em: https://www.camara.leg.br/proposicoesWeb/prop_mostrarintegra?codteor=1947742 &filename=PL%205422/2020. Acesso em: 15 jan. 2024.

BRASIL. Instituto Nacional de Estudos e Pesquisas Educacionais Anísio Teixeira. *Microdados do Censo da Educação Superior*. Brasília: Inep, 2020f.

BRASIL. Tribunal Superior Eleitoral. *Guia de linguagem inclusiva para flexão de gênero*: aplicação e uso com foco em comunicação social. Brasília: Secretaria de Comunicação e Multimídia, 2021a.

BRASIL. Câmara dos Deputados. *Projeto de Lei n° 2.114*, de 9 de junho de 2021. Brasília, 2021b. Disponível em: https://www.camara.leg.br/proposicoesWeb/prop_mostrarintegra?codteor=2025157. Acesso em: 15 jan. 2024.

BRASIL. Ministério do Turismo. Secretaria Especial de Cultura. *Portaria n° 404*, de 27 de outubro de 2021. Brasília, 2021c. Disponível em: https://www.gov.br/turismo/pt-br/centrais-de-conteudo-/publicacoes/ atos-normativos-2/2021-1/portaria-sefic-secult-mtur-no-604-de-27-de-outubro-de-2021. Acesso em: 15 jan. 2024.

BRASIL. Conselho Nacional de Justiça. *Resolução n° 376*, de 2 de março de 2021. Brasília, 2021d. Disponível em: https://atos.cnj.jus.br/files/original122936202103056042430ecd5f.pdf. Acesso em 15 jan. 2024.

BRASIL. Câmara dos Deputados. *Projeto de Lei n° 3.679*, de 20 de outubro de 2021. Brasília, 2021e. Disponível em: https://www.camara.leg.br/proposicoesWeb/prop_mostrarintegra?codteor=2092030. Acesso em: 15 jan. 2024.

BRASIL. Câmara dos Deputados. *Projeto de Lei n° 211*, de 4 de fevereiro de 2021. Brasília, 2021f. Disponível em: https://www.camara.leg.br/proposicoesWeb/prop_mostrarintegra?codteor=1960296 &filename=PL%20211/2021. Acesso em: 15 jan. 2024.

BRASIL. Câmara dos Deputados. *Projeto de Lei n° 173*, de 3 de fevereiro de 2021. Brasília, 2021g. Disponível em: https://www.camara.leg.br/proposicoesWeb/prop_mostrarintegra?codteor=1960062 &filename=PL%20173/2021. Acesso em: 15 jan. 2024.

BRASIL. Câmara dos Deputados. *Projeto de Lei n° 2.650*, de 3 de agosto de 2021. Brasília, 2021h. Disponível em: https://www.camara.leg.br/proposicoesWeb/prop_mostrarintegra?codteor=2049704. Acesso em: 15 jan. 2024.

BRASIL. Câmara dos Deputados. *Projeto de Lei n° 2.579*, de 10 de agosto de 2021. Brasília, 2021i. Disponível em: https://www.camara.leg.br/proposicoesWeb/prop_mostrarintegra?codteor=2054279. Acesso em: 15 jan. 2024.

BRASIL. Câmara dos Deputados. *Projeto de Lei n° 2.866*, de 17 de agosto de 2021. Brasília, 2021j. Disponível em: https://www.camara.leg.br/proposicoesWeb/prop_mostrarintegra?codteor=2058479. Acesso em: 15 jan. 2024.

BRASIL. Câmara dos Deputados. *Projeto de Lei n° 3.310*, de 24 de setembro de 2021. Brasília, 2021k. Disponível em: https://www.camara.leg.br/proposicoesWeb/prop_mostrarintegra?codteor=2079564A cesso em: 15 jan. 2024.

BRASIL. Câmara dos Deputados. *Projeto de Lei n° 764*, de 30 de março de 2022. Brasília, 2022a. Disponível em: https://www.camara.leg.br/proposicoesWeb/prop_mostrarintegra?codteor=2153731 &filename=PL%20764/2022. Acesso em: 15 jan. 2024.

BRASIL. Câmara dos Deputados. *Projeto de Lei n° 566*, de 14 de março de 2022. Brasília, 2022b. Disponível em: https://www.camara.leg.br/proposicoesWeb/prop_mostrarintegra?codteor=2147694. Acesso em: 15 jan. 2024.

BRASIL. Supremo Tribunal Federal. *Ação Direta de Inconstitucionalidade 7019/RO*. Relator: Min. Edson Fachin, 10 fevereiro de 2023. Disponível em: https://portal.stf.jus.br/processos/detalhe. asp?incidente=6292373. Acesso em: 15 jan. 2024.

CAÊ, Gione. *Manual para o uso da linguagem neutra em Língua Portuguesa*. Disponível em: https://portal. unila.edu.br/informes/manual-de-linguagem-neutra/Manualdelinguagemneutraport.pdf. Acesso em: 15 jan. 2024.

CAGLIARI, Luiz Carlos. Existem línguas de ritmo silábico? *Estudos Linguísticos*, v. 42, n. 1, p. 19-32, 2013.

CÂMARA Jr., Joaquim Mattoso. *Estrutura da Língua Portuguesa*. Petrópolis: Vozes, 1975.

CÂMARA Jr., Joaquim Mattoso. *História e estrutura da língua portuguesa*. Petrópolis: Vozes, 1977.

CARDOSO, Paula Raianny Santos; FREITAG, Raquel Meister Ko. A ordem importa: escolhas linguísticas na representação da violência contra mulheres no Brasil. *Domínios de Lingu@gem*, v. 17, p. e1741, 2023.

CARVALHO, Danniel. As genitálias da gramática. *Revista da ABRALIN*, v. 20, p. 1-21, 2020.

CARVALHO, Danniel. Quem é êla? A invenção de um pronome não binário. In: BARBOSA FILHO, Fábio; OTHERO, Gabriel. *Linguagem "neutra"*: língua e gênero em debate. São Paulo: Parábola, 2022, p. 119-140.

CASTILHO, Ataliba Teixeira de. *A nova gramática do português brasileiro*. São Paulo: Contexto, 2010.

CAVALCANTE, Silvia Regina. A morfologia de gênero e a mudança acima do nível da consciência. In: BARBOSA FILHO, Fábio; OTHERO, Gabriel. *Linguagem "neutra"*: língua e gênero em debate. São Paulo: Parábola, 2022, p. 73-94.

COATES, Jennifer. The construction of a collaborative floor in women's friendly talk. *Typological studies in language*, v. 34, p. 55-90, 1997.

COUTINHO, Ismael de Lima. *Gramática Histórica*. Rio de Janeiro: Ao Livro Técnico, 1976, p. 229.

CRUZ, Camilla Machado. A manualização do saber linguístico em um manual de linguagem inclusiva institucional brasileiro: discursos sobre igualdade de gênero em análise. *Revista Interfaces*, v. 13, n. 1, p. 89-99, 2022.

CUNHA, Celso; CINTRA, Lindley. *Nova gramática do português contemporâneo*. 7. ed. Rio de Janeiro: Lexikon, 2017.

DINOUR, Lauren M. Speaking out on "breastfeeding" terminology: Recommendations for gender-inclusive language in research and reporting. *Breastfeeding Medicine*, v. 14, n. 8, p. 523-532, 2019.

ECKERT, Penelope. The whole woman: Sex and gender differences in variation. *Language variation and change*, v. 1, n. 3, p. 245-267, 1989.

ECKERT, Penelope. Variation and the indexical field. *Journal of sociolinguistics*, v. 12, n. 4, p. 453-476, 2008.

ERDOCIA, Iker. Participation and deliberation in language policy: the case of gender-neutral language. *Current Issues in Language Planning*, v. 23, n. 4, p. 435-455, 2022.

FARACO, Carlos Alberto. *Estrangeirismos*: guerras em torno da língua. São Paulo: Parábola, 2001.

FARACO, Carlos Alberto. *Norma culta brasileira*: desatando alguns nós. São Paulo: Parábola, 2008.

FARIA, Marcely Monteiro. Ideologias subjacentes aos estrangeirismos de origem inglesa no Brasil e a consciência sociolinguística. *Revista de Estudos da Linguagem*. v. 31, n. 2, p. 905-946, 2023.

FISHMAN, Pamela M. Interaction: The work women do. In: NIELSEN, Joyce McCarl (Ed.). *Feminist research methods*: Exemplary readings in the social sciences. Routledge, 2019, p. 224-237.

FREITAG, Raquel Meister Ko. Marcadores discursivos não são vícios de linguagem! *Interdisciplinar – Revista de Estudos em Língua e Literatura*, v. 4, n. 4 - p. 22-43, 2007.

FREITAG, Raquel Meister Ko. (Re)discutindo sexo/gênero na sociolinguística. In: FREITAG, Raquel Meister Ko; SEVERO, Cristine Gorski (Ed.). *Mulheres, linguagem e poder*: estudos de gênero na sociolinguística brasileira. São Paulo: Blucher, 2015, p. 17-74.

FREITAG, Raquel Meister Ko. Saliência estrutural, distribucional e sociocognitiva. *Acta scientiarum. Language and culture*, v. 40, n. 2, 2018.

FREITAG, Raquel Meister Ko. Conflito de regras e dominância de gênero. In: BARBOSA FILHO, Fábio; OTHERO, Gabriel. *Linguagem "neutra"*: língua e gênero em debate. São Paulo: Parábola, 2022, p. 53-72.

FREITAG, Raquel Meister Ko. A quarta onda: ativismo sociolinguístico no Brasil. *Fórum Linguístico*, v. 20, n. 3, p. 9401-9419, 2023.

FREITAG, Raquel Meister Ko.; SANTANA, Rebeca Rodrigues. Assalto ao turno em interações assimétricas de sexo/gênero: disputa e cooperação. *Cadernos de Linguagem e Sociedade*, v. 20, n. 1, p. 53-70, 2019.

FREITAG, Raquel Meister Ko.; SAVEDRA, Mônica Maria Guimarães. *Mobilidades e contatos linguísticos no Brasil*. São Paulo: Blucher, 2023.

FREITAG, Raquel Meister Ko.; SOTO, Marije. Processamento da variação linguística: desafios para integrar aquisição, diversidade e compreensão em um modelo de língua. *Revista de Estudos da Linguagem*, v. 31, n. 2, p. 1-36, 2023.

FURLAN, Oswaldo Antonio; BUSSARELLO, Raulino. *Gramática básica do latim*. Florianópolis: Ed. UFSC, 1997.

GARCIA, Dantielli Assumpção; SOUSA, Lucília Maria Abrahão. A manualização do saber linguístico e a constituição de uma linguagem não sexista. *Línguas & Letras*, v. 17, n. 35, p. 86-106, 2016.

GARNHAM, Alan; OAKHILL, Jane; REYNOLDS, David. Are inferences from stereotyped role names to characters' gender made elaboratively? *Memory & Cognition*, v. 30, n. 3, p. 439-446, 2002.

GARRETT, Peter. *Attitudes to language*. Cambridge: Cambridge University Press, 2010.

GIORA, Rachel. *On our mind*: Salience, context, and figurative language. Oxford: Oxford University Press, 2003.

Referências **155**

GIVÓN, Talmy. *Functionalism and grammar*. Amsterdam/Philadelphia: John Benjamins Publishing, 1995.

GOHN, Maria da G*lória*. *Participação e democracia no Brasil*: da década de 1960 aos impactos pós-junho de 2013. Petrópolis: Vozes, 2019.

GRIBBLE, Karleen D. et al. Effective communication about pregnancy, birth, lactation, breastfeeding and newborn care: the importance of sexed language. *Frontiers in Global Women's Health*, v. 3, p. 3, 2022.

GYGAX, Pascal et al. Generically intended, but specifically interpreted: When beauticians, musicians, and mechanics are all men. *Language and cognitive processes*, v. 23, n. 3, p. 464-485, 2008.

HAWKEY, James. Developing Discussion of Language Change Into a Three-Dimensional Model of Linguistic Phenomena. *Language and Linguistics Compass*, v. 10, n. 4, p. 176-190, 2016.

HBO. *Guia de linguagem inclusiva todxs nós*. 2020. Disponível em: https://pji.portaldosjornalistas.com.br/wp-content/uploads/2020/05/GuiaTodxsNos.pdf. Acesso em: 15 jan. 2024.

HOLMES, Janet. Functions of you know in women's and men's speech. *Language in society*, v. 15, n. 1, p. 1-21, 1986.

IEL. In: *Le Robert*. DICO em ligne, 2024. Disponível em: https://dictionnaire.lerobert.com/definition/iel. Acessado em: 15 jan. 2024.

ILARI, Rodolfo. *Linguística românica*. 3. Ed. São Paulo: Ática, 2002.

ILARI, Rodolfo. *Palavras de classe aberta*: gramática do português culto falado no Brasil. São Paulo: Contexto, 2014.

JONES, Deborah. Gossip: Notes on women's oral culture. *Women's studies international quarterly*, v. 3, n. 2-3, p. 193-198, 1980.

JUNDIAÍ. Câmara de Vereadores. *Moção nº 424*, de 23 de fevereiro de 2023. APELO ao Presidente da Câmara dos Deputados, ao Presidente do Senado e aos líderes dos partidos para que seja pautado, para apreciação imediata pelos Plenários, o PL nº 5.198/2020, do Deputado Junio Amaral (PL), que veda expressamente a instituições de ensino e bancas examinadoras de seleções e concursos públicos a utilização, em currículos escolares e editais, de novas formas de flexão de gênero e de número das palavras da língua portuguesa, em contrariedade às regras gramaticais consolidadas. Jundiaí: Câmara de Vereadores, 2023. Disponível em: https://www.camara.leg.br/proposicoesWeb/prop_mostrarintegr a?codteor=2265668&filename=Tramitacao-PL%205198/2020. Acesso em: 15 jan. 2024.

LABOV, William. *Sociolinguistic patterns*. Pennsylvania: University of Pennsylvania Press, 1972.

LABOV, William. Building on empirical foundations. In: LEHMANN, Winfred; MALKIEL, Yakov (Ed.). *Perspectives on historical linguistics*. New York: John Benjamins Publishing, 1982, p. 17-92.

LABOV, William. The intersection of sex and social class in the course of linguistic change. *Language variation and change*, v. 2, n. 2, p. 205-254, 1990.

LABOV, William. *Principles of linguistic change: social factors*. Oxford: Oxford Press, 2001.

LAKOFF, Robin. Language and woman's place. *Language in society*, v. 2, n. 1, p. 45-79, 1973.

LAU, Héliton Diego. O uso da linguagem neutra como visibilidade e inclusão para pessoas trans não-binárias na língua portuguesa: a voz "del@ s" ou "delxs"? Não! A voz "delus"". In: *Anais do V Simpósio Internacional em Educação Sexual:* saberes/trans/versais currículos identitários e pluralidades de gênero. Maringá, 2017.

LEMLE, Miriam; NARO, Anthony J. *Competências básicas do português*. Relatório final de pesquisa apresentado às instituições patrocinadoras Fundação Movimento Brasileiro de Alfabetização (Mobral) e Fundação Ford. Rio de Janeiro, 1977.

Língua, gramática, gênero e inclusão. Simpósio virtual apresentado por Raquel Freitag, 2020. 1 vídeo (2h 50min 05s). Publicado pelo canal da Associação Brasileira de Linguística. Disponível em: https://www.youtube.com/watch?v=_AdQFP3ssAY. Acesso em: 15 jan. 2024.

LUCCHESI, Dante. A concordância de gênero. In: LUCCHESI, Dante; BAXTER, Alan N.; RIBEIRO, Ilza. *O português afro-brasileiro*. Salvador: EdUFBA, 2009, p. 295-318.

LUFT, Celso Pedro. *Moderna gramática brasileira*. Porto Alegre: Globo Livros, 1986.

MACHADO, Jorge Alberto S. Ativismo em rede e conexões identitárias: novas perspectivas para os movimentos sociais. *Sociologias*, n. 18, p. 248-285, 2007.

MÄDER, Guilherme Ribeiro Colaço; SEVERO, Cristine Gorski. Sexismo e políticas linguísticas de gênero. In: FREITAG, Raquel Meister Ko; SEVERO, Cristine Gorski; GÖRSKI, Edair Maria (Orgs.). *Sociolinguística e Política Linguística*: Olhares Contemporâneos. São Paulo: Blucher, 2016, p. 245-260.

MATOS, João Soares Gonçalves de. *Poderá uma língua natural ser sexista?* Avaliação do impacto de informação gramatical e de estereótipos de género na compreensão de enunciados com sujeitos masculinos genéricos em Português Europeu. Lisboa, 2020. Dissertação (Mestrado em Ciências da Linguagem) – Universidade Nova de Lisboa, 2020.

156 Não existe linguagem neutra!

MAURER, Teodoro Henrique. *Gramática do latim vulgar*. Rio de Janeiro: Livraria Acadêmica, 1959.

MIGUEL, Luis Felipe. Da "doutrinação marxista" à "ideologia de gênero"- Escola Sem Partido e as leis da mordaça no parlamento brasileiro. *Revista Direito e práxis*, v. 7, n. 15, p. 590-621, 2016.

MIRA MATEUS, Maria Helena de; BRITO, Ana Maria, DUARTE, Inês Silva; FERREIRA, Isabel. *Gramática da língua portuguesa*. Lisboa: Livraria Almedina, 1983.

MONEY, John. Gender role, gender identity, core gender identity: Usage and definition of terms. *Journal of the American Academy of Psychoanalysis*, v. 1, n. 4, p. 397-402, 1973.

MOSCOVICI, Serge. Notes towards a description of social representations. *European Journal of Social Psychology*, v. 18, n. 3, p. 211-250, 1988.

MOURA NEVES, Maria Helena. *Gramática de usos do português*. São Paulo: Ed. Unesp, 2000.

MOURA NEVES, Maria Helena; CASSEB-GALVÃO, Vania (Orgs.). *Gramáticas contemporâneas do português:* com a palavra os autores. São Paulo: Parábola, 2014, p. 9.

O'BARR, William; ATKINS, Bowman K. "Women's language" or "powerless language"?. In: MAYOR, Barbara; PUGH, Anthony Kendrick (Ed.). *Language, communication and education*. Routledge, 2005. p. 202-216.

OLIVEIRA, Fernão. *Grammatica de linguagem portuguesa (1536)*. Imprensa Portugueza, 1831, cap. XLIIIV.

ON THE BASIS OF SEX (SUPREMA). Direção: Mimi Leder. Produção: Robert W. Cort. Estados Unidos: Focus Features, 2018. 120 min.

OSTERMANN, Ana Cristina; FONTANA, Beatriz. *Linguagem, gênero, sexualidade:* clássicos traduzidos. São Paulo: Parábola, 2010.

PARLAMENTO EUROPEU. *Linguagem neutra do ponto de vista de género no Parlamento Europeu*. Disponível em: https://www.europarl.europa.eu/cmsdata/187108/GNL_Guidelines_PT-original.pdf. Acesso em 15 jan. 2024.

PEREIRA, Déreck Kássio Ferreira; SILVA, Claudia Roberta Tavares. A realização de artigo feminino diante de antropônimo masculino: uma análise sociolinguística sobre o sentimento de inclusão. *Revista de Estudos da Linguagem*, v. 31, n. 2, p. 616-635, 2023.

PERINI, Mário A. *Gramática do português brasileiro*. São Paulo: Parábola, 2010, p. 183.

PINHEIRO, Bruno Felipe Marques; FREITAG, Raquel Meister Ko. Estereótipos na concordância de gênero em profissões: efeitos de frequência e saliência. *Revista Linguíftica*, v. 16, n. 1, p. 85-107, 2020.

PODEROSO, Emília Silva. *Condições de existência da mulher na polícia militar:* reconhecimento institucional e social. 2023. Tese (Doutorado em Psicologia), Universidade Federal de Sergipe, 2023.

PRESTON, Dennis R. Folk linguistics and language awareness. In: GARRETT, Peter; COTS, Josep M. (Ed.). *The Routledge handbook of language awareness*. London: Routledge, 2017, p. 375-386.

PRESTON, Dennis R. The cognitive foundations of language regard. *Poznan Studies in Contemporary Linguistics*, v. 53, n. 1, p. 17-42, 2017.

RAMOS, Heloísa. *Por uma vida melhor:* Educação de Jovens e Adultos. vol. 2. São Paulo: Global Ação Educativa, 2009. (Coleção Viver e Aprender).

RIO GRANDE DO SUL. Assembleia Legislativa. *Projeto de Lei nº 156*, de 5 de agosto de 2009. Institui a obrigatoriedade da tradução de expressões ou palavras estrangeiras para a língua portuguesa, sempre que houver em nosso idioma palavra ou expressão equivalente, no âmbito do Estado do Rio Grande do Sul e dá outras providências. Porto Alegre, 2009. Disponível em http://proweb.procergs.com.br/Diario/DA20090817-01-100000/EX20090817-01-100000-PL-156-2009.pdf. Acesso em: 15 jan. 2024.

RIO GRANDE DO SUL. Governo do Estado do Rio Grande do Sul. *Manual para uso não sexista da linguagem*: O que bem se diz bem se entende. Rio Grande do Sul: Secretaria de Políticas para as Mulheres, 2014, p. 9.

RONDÔNIA. Casa Civil. *Lei n° 5.123*, de 19 de outubro de 2021. Estabelece medidas protetivas ao direito dos estudantes do Estado de Rondônia ao aprendizado da língua portuguesa de acordo com a norma culta e orientações legais de ensino, na forma que menciona. Porto Velho: Governadoria, 2021. Disponível em: https://sapl.al.ro.leg.br/media/sapl/public/normajuridica/2021/9987/l5123.pdf. Acesso em: 15 jan. 2024.

ROST-SNICHELOTTO, Cláudia Andrea. Os marcadores discursivos nas línguas românicas:(macro) funções textuais e interacionais. *Interdisciplinar-Revista de Estudos em Língua e Literatura*, v. 6, n. 6,- p. 109-130, 2008.

SAID ALI, Manoel. *Gramática Histórica da Língua Portuguesa*. 7. ed. Rio de Janeiro: Melhoramentos, 1971.

SALES, André Luis Leite de Figueirêdo; FONTES, Flávio Fernandes; YASUI, Silvio. Para (re)colocar um problema: a militância em questão. *Trends in Psychology*, v. 26, p. 565-592, 2018.

SCHWINDT, Luiz Carlos da Silva. Sobre gênero neutro em português brasileiro e os limites do sistema linguístico. *Revista da ABRALIN*, v. 19, n. 1, p. 1-23, 2020a.

SCHWINDT, Luiz Carlos da Silva. Predizibilidade da marcação de gênero em substantivos no português brasileiro. In: CARVALHO, Danniel; BRITO, Dorothy (Org.). *Gênero e língua(gem)*: formas e usos. Salvador: EdUFBA, 2020b, p. 279-294.

SILVERSTEIN, Michael. Indexical order and the dialectics of sociolinguistic life. *Language & communication*, v. 23, n. 3-4, p. 193-229, 2003.

SIQUEIRA, Manoel; FREITAG, Raquel Meister Ko. Can mobility affect grammar at the morphosyntactic level? A study in Brazilian Portuguese. *Organon*, v. 37, n. 73, p. 14-35, 2022.

SPOLSKY, Bernard. Language policy, practice and ideology. In: RAFAEL, Eliézer Ben; STERNBERG, Yitzhak (Ed.). *Identity, Culture and Globalization*. Brill, 2001, p. 319-325.

STETIE, Noelia Ayelén; REBOLLEDO, Camila Martínez; ZUNINO, Gabriela Mariel. Diversidad de género y variación lingüística en el español de América: procesamiento de estereotipos y morfología de género en Argentina y Chile. *Revista de Estudos da Linguagem*, v. 31, n. 2, p. 636-687, 2023.

STOLLER, Robert J. A contribution to the study of gender identity. *The International Journal of Psychoanalysis*, n. 45, v. 2-3, p. 220-226,1964.

TAJFEL, Henri. Social psychology of intergroup relations. *Annual Review of Psychology*, v. 33, n. 1, p. 1-39, 1982, p. 161.

TARALLO, Fernando. *Tempos lingüísticos*: itinerário histórico da língua portuguesa. São Paulo: Ática, 1990.

TRUDGILL, Peter. Sex, covert prestige and linguistic change in the urban British English of Norwich. *Language in society*, v. 1, n. 2, p. 179-195, 1972.

UNESCO. *Redação sem discriminação*: pequeno guia vocabular com dicas para evitar as armadilhas do sexismona linguagem corrente. Trad. Maria Angela Casellato, Rachel Holzhacker, Juan ManuelFernandez. São Paulo: Textonovo, 1996.

VENTURINI, Anna Carolina; FERES JÚNIOR, João. Política de ação afirmativa na pós-graduação: o caso das universidades públicas. *Cadernos de Pesquisa*, v. 50, p. 882-909, 2020.

VERGOOSSEN, Hellen P., PÄRNAMETS, Philip, RENSTRÖM, Emma A., GUSTAFSSON SENDÉN, Marie. Are new gender-neutral pronouns difficult to process in reading? The case of hen in Swedish. *Frontiers in psychology*, v. 11, p. 574356, 2020.

VILLALVA, Alina. *Estruturas morfológicas*: unidades e hierarquias nas palavras do português. Lisboa: FCG/FCT, 2000.

WEBER, Max. A 'objetividade' do conhecimento na ciência social e na ciência política. In: _____. *Metodologias das ciências sociais*. São Paulo: Cortez, 2001, p. 107-154.

WEINREICH, Uriel; LABOV, William; HERZOG, Marvin. *Empirical foundations for a theory of language change*. Texas: University of Texas Press, 1968.

WEST, Jackie. Gender and the labour process: A reassessment. In: KNIGHTS, David; WILLMOTT, Hugh (Eds.). *Labour process theory*. London: Palgrave Macmillan, 1990, p. 244-273.

WRYE, Harriet Kimble. The fourth wave of feminism: Psychoanalytic perspectives introductory remarks. *Studies in Gender and Sexuality*, v. 10, n. 4, p. 185-189, 2009.

ZIMMERMANN, Don H.; WEST, Candace. Sex roles, interruptions and silences in conversation (1975). *Amsterdam Studies in the Theory and History of Linguistic Science Series*. John Benjamins, 1996, p. 211-236.

A autora

Raquel Freitag é linguista e professora titular da Universidade Federal de Sergipe, com doutorado em Linguística pela Universidade Federal de Santa Catarina. Desde sempre é curiosa sobre como a língua funciona. E logo descobriu que a língua vai mudando pelas dores e amores de quem a usa. Em termos mais acadêmicos, estuda o processamento da variação linguística. Foi vice-presidente da Associação Brasileira de Linguística Abralin (2019-2021) e vice-presidente da associação do Grupo de Estudos Linguísticos e Literários do Nordeste, por duas gestões (2019-2020 e 2021-2022). Coordenadora da área de Letras/Linguística do Comitê de Assessoramento do CNPq (2021-2024). Pela Contexto é coautora dos livros *História do Português Brasileiro Vol. IV* e *Psicolinguística: diversidades, interfaces e aplicações*.

GRÁFICA PAYM
Tel. [11] 4392-3344
paym@graficapaym.com.br